Pralinen & Konfekt

AUTORIN: KARIN EBELSBERGER | FOTOS: JÖRN RYNIO

Praxistipps

4 Pralinengeschichte und -herstellung
5 Die wichtigsten Zutaten
6 Kuvertüre temperieren – das A und O in der Pralinenküche
8 Küchenhelfer – diese Geräte sind wichtig

Umschlagklappe hinten:
Reste de luxe
Und: Pralinen dekorieren und hübsch verpacken

Extra

Umschlagklappe vorne:
Die 10 GU-Erfolgstipps – mit Gelinggarantie für feinsten Pralinengenuss

60 Register
62 Impressum

Rezepte

10 Fruchtige Verführung

11 Fruchttrüffel
12 Erdbeergelee-Würfel
14 Himbeerpralinen
14 Aprikosenkaramell
16 Erdbeer-Balsamico-Pralinen
18 Erdbeer-Joghurt-Kugeln
18 Mango-Lassi-Pralinen
21 Amarenakirsch-Pralinen
22 Ananas-Kokos-Traum

24 Würzig und fein

25 Walnuss-Rosmarin-Krokant
26 Zimttrüffel
28 Feigen-Chili-Pralinen
30 Basilikumpralinen
30 Safranpralinen
32 Minzpralinen
32 Kräuterlikör-Trüffel

34 Mit Schuss und Kaffee

35 Teepralinen
36 Limoncello-Trüffel
38 Baileys-Trüffel
39 Rumtrüffel
39 Cointreau-Trüffel
40 Portweingelee
42 Eierlikörtrüffel
42 Piña-Colada-Trüffel
44 Cappuccino-Pralinen
44 Kaffeemarzipan

46 Nussig und knusprig

47 Aprikosenmarzipan
48 Blätterkrokant
50 Pistaziennugat
50 Knuspernugat
53 Nuss-Krokant-Marzipan
54 Marzipancreme-Pralinen
55 Honigmarzipan-Pralinen
55 Himbeermarzipan-Pralinen
56 Haselnüsse auf Orangenmarzipan
58 Mandel-Weichkrokant

Pralinengeschichte und -herstellung

Selbst gemachte Pralinen – ein Hobby, das schon bald zur Leidenschaft wird. Und die eigene Kreativität ungeheuer fördert. Legen Sie los!

Die süße Kunst der Pralinenherstellung ist heute nicht mehr den Meisterinnen und Meistern der Confiserie-Zunft vorbehalten. Mit etwas Geduld, Geschick und guten Zutaten lassen sich auch daheim zartschmelzende Verführungen herstellen. Ob rund, eckig, glatt oder rau, schlicht oder üppig verziert, weiß, hell oder dunkel: Pralinen sind unendlich vielseitig. Übrigens gilt ein Deutscher als »Erfinder« der Praline. Der französische König Ludwig XIV. sandte einen Herzog namens Plessis-Praslin nach Regensburg, und sein deutscher Koch soll es gewesen sein, der die damals gern genaschten überzuckerten Mandeln und Nüsse mit der gerade chic gewordenen Schokolade überzog. Zu Ehren seines Herrn nannte er sie Pralinen.

Um ihren Namen zu verdienen, muss eine Praline mindestens zu 25 % aus Schokolade bestehen und mundgerecht sein. Feine Süßigkeiten, die weniger oder keine Schokolade enthalten oder größer sind, heißen Konfekt.

Es gibt verschiedene Herstellungsmethoden für Pralinen: **Gefüllte Pralinen** haben eine Hülle aus Kuvertüre und eine feine Füllung. Praktisch sind fertige Hohlkugeln, die man beim guten Konditor oder über den Internetversand (z. B. www.tortissimo.de) bekommt. Eine Folie enthält in der Regel 60 Hohlkugeln (weiß, Vollmilch oder Zartbitter). Die Rezepte im Buch sind für je 30 Hohlkugeln (mit 26 mm Durchmesser) konzipiert, damit Sie auf alle Fälle zwei verschiedene Füllungen machen können. Etwas aufwendiger wird es mit Pralinenformen aus Polykarbonat, mit denen die Profis arbeiten. Man bekommt diese Formen in unzähligen Varianten im Internetversand (s. S. 8). Sie sind zwar nicht billig, halten aber ewig. Die Formen werden mit Kuvertüre ausgegossen, d. h. man macht auch die Hülle selbst. Danach geht es weiter wie bei den Hohlkugeln: Alles dreht sich um die Füllung. Meist basiert sie auf einer Mischung aus Sahne und Kuvertüre, die in der Fachsprache Ganache heißt. Dazu kommen Fruchtpürees, Trockenfrüchte, Nüsse, Nugat, Marzipan, Gewürze, Schokolade, Tee, Kaffee oder Alkohol. Gefüllte Pralinen werden mit Kuvertüre verschlossen.

Für **Schnittpralinen** wird eine Masse, wie z. B. Marzipan, Ganache, Nugat oder Gelee in eine Form gegossen und nach dem Erhärten in Stücke geschnitten. Man kann auch mehrere Massen aufeinanderschichten (Schichtpraline). Hier ist die geschmackliche Komposition entscheidend. Natürlich können auch Schnittpralinen mit Kuvertüre überzogen werden, manchmal lässt man sie pur.

Für **handgeformte Pralinen** wird eine Masse mit dem Spritzbeutel auf Butterbrotpapier gespritzt. Die Tupfer müssen trocknen, werden dann mit den Händen mit Kuvertüre überzogen und meist in Zucker oder Kakao gewälzt. Manche festeren Pralinen, z. B. Marzipanpralinen, können mit den Händen geformt werden und schmecken wunderbar in einer Hülle aus purer Kuvertüre.

Kuvertüre

Nugat

Marzipanrohmasse

Die wichtigsten Zutaten

Kuvertüre ist eine besondere Schokolade. Sie unterscheidet sich von handelsüblicher Tafelschokolade durch einen höheren Gehalt an Kakaobutter (mindestens 31 %). Dadurch ist sie in geschmolzenem Zustand dünnflüssiger und für die Pralinenherstellung ideal, vor allem da, wo es um die perfekte Hülle geht. Kuvertüre gibt es in unterschiedlichen Qualitäten, die von der Güte der Kakaobohne und ihrer Verarbeitung abhängen. Gute Kuvertüre gibt's beim Konditor und beim Internetversand (z. B. www.bosfood.de oder www.hobbybäcker.de). Weiße Kuvertüre ist übrigens keine echte Kuvertüre, weil sie keinen Kakao enthält, nur Kakaobutter. Kuvertüre und Schokolade trocken, dunkel und in Folie eingewickelt bei 15–20° lagern.

Nugat besteht aus gerösteten Nüssen oder Mandeln, Kakaobutter, Zucker und bei dunklem Nugat Kuvertüre. Geschmack und Farbe ergeben sich daraus, wie lange die Nüsse geröstet werden, ob der Zucker karamellisiert wird und welche Kuvertüre verwendet wird. Guter Nugat schmilzt zart auf der Zunge. Lagern Sie Nugat wie Kuvertüre, kühl und geschützt vor Fremdgerüchen.

Marzipan und Marzipanrohmasse bestehen aus Nüssen oder Mandeln und Zucker. Hochwertige Marzipanrohmasse ist weich und saftig und enthält zwei Drittel Mandeln und ein Drittel Zucker; manchmal wird sie mit Rosenwasser abgerundet. Marzipanrohmasse enthält höchstens 35 Prozent Zucker, ist relativ weich und lässt sich gut verarbeiten. Um daraus festeres Marzipan zu gewinnen, wird Puderzucker dazugegeben. Auch hier gibt es große Qualitätsunterschiede. Nehmen Sie die teurere Sorte im Supermarkt oder Großhandel oder bestellen Sie im Internetversand. Marzipan fest in Folie gewickelt bei 15–18° lagern.

Fruchtpüree kann man selbst herstellen: reife Früchte mit dem Pürierstab pürieren und das Püree durch ein Sieb streichen. Um die Haltbarkeit der fruchtigen Pralinen zu verlängern, sollte man Fruchtpüree kurz aufkochen und etwas Zucker (10 % von der Menge der Früchte) dazugeben. Fertig gekauftes Fruchtpüree aus dem Großmarkt oder vom Internetversand oder nicht zu flüssige Smoothies sind ein guter, rund ums Jahr erhältlicher Ersatz.

Kuvertüre temperieren

Das A und O in der Pralinenherstellung ist das exakte Temperieren von Kuvertüre, damit die Pralinen so wunderschön werden wie vom Profi.

Kuvertüre zerkleinern

Legen Sie die abgewogene Kuvertüre auf ein großes Brett. Schneiden Sie sie mit einem scharfen Messer mit langer, gerader Klinge ganz fein. Setzen Sie das Messer so an, dass Sie etwa 5 mm dünne Scheiben schräg von sich weg schneiden. So bricht die Kuvertüre leichter in Splitter, Sie bringen sich nicht in Gefahr, und die Küche bleibt bei dieser Methode auch relativ sauber. Geben Sie zwei Drittel der zerkleinerten Kuvertüre in eine Schüssel aus Edelstahl mit rundem Boden.

Stellen Sie einen kleinen Topf mit 1–2 cm hoch Wasser auf die Herdplatte und bringen es zum Kochen. Sobald es kocht, ziehen Sie den Topf zur Seite und stellen die Schüssel darauf. Unter ständigem Rühren die Kuvertüre schmelzen. Falls die Hitze nicht ausreicht, den Topf kurz wieder auf die heiße Herdplatte stellen. Die geschmolzene Kuvertüre muss eine Temperatur von 40–45° erreichen (mit dem Thermometer messen).

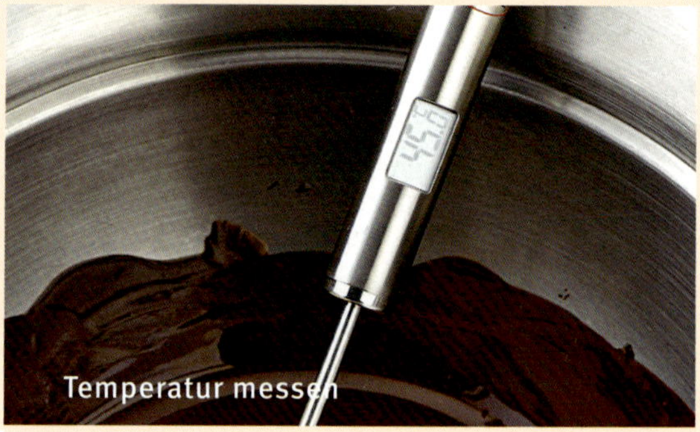
Temperatur messen

Übrige Kuvertüre dazugeben

Nehmen Sie die Schüssel vom Wasserbad und stellen sie auf eine kühle Fläche, z. B. die Fensterbank. Geben Sie die übrige zerkleinerte Kuvertüre dazu. Rühren Sie ununterbrochen und kräftig, bis das Ganze 27° erreicht hat (es macht nichts, wenn nicht alles komplett geschmolzen ist).

Messen Sie die Temperatur mit dem Thermometer, 27–28° sind perfekt. Von dieser Temperatur wird die Kuvertüre jetzt auf ihre jeweils ideale Verarbeitungstemperatur erhitzt. Weiße Schokolade lässt sich bei 30–31° am besten verarbeiten. Vollmilchkuvertüre benötigt 31–32° und Zartbitterkuvertüre muss auf 32–33° erwärmt werden.

Wenn die Kuvertüre die ideale Verarbeitungstemperatur hat, machen Sie den Temperiertest: Dazu ein Messer eintauchen und beiseite legen. Nach 2 bis 3 Minuten sollte die Kuvertüre fest geworden sein. (Wenn es länger dauert, bilden sich zu wenig Kristalle. Sie sollten dann nochmals vor vorne beginnen: Kuvertüre auf 40–45° erhitzen, gehackte Kuvertüre unterrühren, alles auf 27–28° runterkühlen.)

Die temperierte Kuvertüre zur Verarbeitung konstant auf der Idealtemperatur halten. Zwischendurch umrühren. Wenn sie zu kühl wird, Schüssel schnell aufs Wasserbad stellen. Ist sie zu warm geworden, Schüssel vom Wasserbad nehmen und Kuvertüre schnell umrühren. Vorsicht: ein Tropfen Wasser in der Kuvertüre? Kuvertüre überhitzt? Das verdirbt sie total. Da bleibt nur Entsorgen und von vorne anfangen.

Werkzeuge in der Pralinenküche

Einige Geräte müssen Sie sich wohl zulegen. Andere haben Sie gewiss schon, manchmal lässt sich improvisieren.

Ein **Thermometer,** ständig im Einsatz beim Temperieren von Kuvertüre, gibt es im gut sortierten Fachgeschäft, im Großhandel oder beim Internetversand. Das sollten Sie sich zulegen.

Eine **digitale Waage** ist in der Pralinenküche unverzichtbar. Am besten mit Zuwiegefunktion.

Schüsseln aus Edelstahl mit rundem Boden für das Wasserbad. Und ein **kleiner Topf,** auf den die Schüssel perfekt passt. Eventuell lohnt sich die Anschaffung eines **Wasserbad-Sets:** Die Metallschüssel hat einen breiten Rand, mit dem sie perfekt auf dem Topf sitzt. Für den festen Stand auf der Arbeitsfläche gibt es einen Gummiring.

Eine **hitzebeständige Arbeitsfläche** ist beim Bearbeiten von heißen Massen unentbehrlich. Wer keine Arbeitsfläche aus Edelstahl, Granit oder Marmor hat, nimmt ein umgedrehtes Backblech.

Ein **Pürierstab** zum Schlagen der Massen. Diesen knapp unter der Oberfläche halten. Und ein **Handrührgerät,** wenn die Füllung luftig werden soll. Für das Rühren von Ganache eignet sich ein **Teigschaber.** Ein großer Löffel tut's aber auch.

Spritzbeutel zum Aufspritzen von Ganache und Befüllen der Formen und Hohlkugeln. Am besten sind Einwegspritzbeutel. Ersatzweise einen Gefrierbeutel nehmen und ein kleines Loch in eine Ecke schneiden. Für flüssige Füllungen eignet sich eine **Dosierflasche.** Gibt's auch beim Internetversand.

Pralinenformen gibt es in vielen Varianten. Sie sind aus Plastik und sehr robust, dafür nicht ganz billig. Die Größenangabe richtet sich nach dem Gewicht der Praline, die aus einer Mulde kommt. Gut sind Größen von 9–15 g. Große Auswahl bieten Internetversender, z. B. www.pralinenwerkzeug.de und www.backfun.de und www.cardindeko.com.

Viereckige **Backrahmen** gibt's bei www.cardindeko.com in der praktischen Größe 20×20 cm. Ein Ersatz sind Edelstahlstangen, ca. 20 cm lang, mit 1,5–2 cm Kantenbreite aus dem Baumarkt. Damit lassen sich Rahmen jeder Größe legen.

Spachtel gibt's aus Kunststoff oder Edelstahl für das »Falten« von heißen Massen wie z. B. Krokant und das Abziehen von Kuvertüre von den Formen.

Butterbrotpapier brauchen Sie zum Auslegen von Arbeitsfläche und Backrahmen und zum Ablegen der Pralinen. Pfiffig sind Spritzbeutel aus Butterbrotpapier für kleine Mengen temperierter Kuvertüre, mit der Sie Pralinen verschließen. Einfach ein dreieckiges Stück Papier zu einer Tüte drehen.

Sie können normale Gabeln zum Tauchen von eckigen Pralinen nehmen, aber **Pralinengabeln** sind wegen ihrer besonderen Form besser geeignet. Die spiralförmige Pralinengabel hält runde Pralinen fest.

Mit einem **Pralinengitter** kann man »Igelspitzen« für Trüffel machen. Trüffel nach dem Tauchen auf dem Gitter ablegen und mit der Pralinengabel hin- und herrollen, bis sich Spitzen bilden.

Spezialthermometer

Set fürs Wasserbad

Butterbrotpapier, Backrahmen, Pralinengabeln und -gitter

Spritzbeutel und Dosierflasche

Spachtel

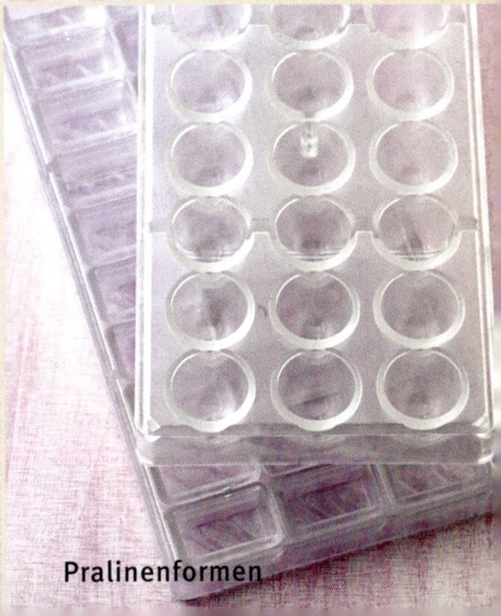

Pralinenformen

Fruchtige Verführung

Rezepte, so vielfältig und frisch wie ein bunter Obstsalat. Freuen Sie sich in diesem Kapitel auf aufregend fruchtige Kreationen, die Sie das ganze Jahr über begeistern werden. Pürieren Sie einfach die Früchte der Saison und zaubern Sie mit diesem tollen Rezept immer wieder andere Fruchttrüffel.

Fruchttrüffel

Für die Füllung
300 g weiße Schokolade
20 g Sahne
80 g Blaubeerpüree (selbst gemacht, s. S. 16 oder Spezialversand)
1 Spritzer Zitrone
Für die Hülle
ca. 50 g Puderzucker zum Wälzen
150 g temperierte weiße Schokolade (s. S. 6)
Und
Butterbrotpapier | Spritzbeutel

Für 30 Stück | 1 Std. Zubereitung
1 Std. Auskühlen | 1 Std. Trocknen

1 Die Schokolade fein hacken und in eine Schüssel geben. Sahne, Fruchtpüree und Zitronensaft in einem Topf bei mittlerer Hitze 1 Min. aufkochen, Topf von der Herdplatte ziehen. Die Fruchtsahne über die Schokolade gießen und sofort rühren, bis sich die Schokolade aufgelöst hat. Diese Masse 1 Std. bei Zimmertemperatur auskühlen lassen.

2 Ein Blech mit Butterbrotpapier belegen. Die Masse mit dem Pürierstab aufschlagen, in einen Spritzbeutel füllen und etwa 30 trüffelförmige Tupfen auf das Papier setzen. Diese Tupfen ca. 1 Std. im Kühlschrank aushärten lassen.

3 Puderzucker in eine Schüssel geben und die temperierte Kuvertüre bereit stellen. Die Handflächen mit etwas temperierter Schokolade bedecken. Einen Trüffel in den Händen rollen, bis er davon umhüllt ist. Trüffel in den Puderzucker legen und darin wälzen, bis er ganz bedeckt ist. Für den nächsten Trüffel wieder Schokolade in die Handflächen geben, Trüffel damit umhüllen, dann im Puderzucker wälzen. Alle Trüffel so zubereiten. Nach je 2 Min. die Trüffel aus dem Zucker heben.

Frucht pur | braucht etwas Zeit

Erdbeergelee-Würfel

Dieses Gelee ist ein Allrounder. Ob pur genossen oder mit einer Schicht Ganache getoppt – lassen Sie Ihrer Fantasie freien Lauf!

1 Blatt Gelatine
450 g Erdbeerpüree (selbst gemacht, s. S. 16 oder Spezialversand)
1 geh. EL Pektin (15 g)
300 g Zucker
70 g Glukosesirup (Spezialversand)
ca. 50 g feiner Zucker zum Wälzen
Und
Backrahmen (20 x 20 cm) | Butterbrotpapier

Für 50 Stück | 40 Min. Zubereitung
2 Std. Festwerden | 2 Tage Ruhen

1 Den Backrahmen auf Butterbrotpapier stellen. Das Papier an den Ecken so einschneiden, dass man das Papier an den Seiten des Rahmens nach oben falten kann (Bild 1). Wer möchte, kann das Papier mit Wäscheklammern befestigen.

2 Gelatine nach Packungsanweisung einweichen. In einem Topf 250 g Erdbeerpüree aufkochen. Das Pektin mit 50 g Zucker mischen und schnell unter das Püree rühren. 1 Min. unter Rühren bei mittlerer Hitze kochen. Gelatine ausdrücken. Den Topf zur Seite ziehen und die Gelatine unterrühren. Die Mischung in eine hitzefeste Schüssel gießen und beiseitestellen.

3 Übrigen Zucker, übriges Erdbeerpüree und Glukosesirup in einen großen Topf geben. Die Mischung bei starker Hitze auf 120° erhitzen, bis sie blubbernd kocht (Bild 2). Temperatur mit dem Thermometer prüfen. Die kochende Masse zur Erdbeermischung geben und mit einem Schneebesen ca. 2 Min. kräftig schlagen. Den Backrahmen auf eine hitzefeste Oberfläche stellen. Das Gelee in den Backrahmen gießen (Bild 3), glatt streichen und in ca. 2 Std. fest werden lassen.

4 Für puren Genuss das Gelee 48 Std. ruhen lassen. Gelee mit einem scharfen Messer vom Backrahmen lösen, den Rahmen abheben. Gelee in Streifen und diese in 30–40 Würfel schneiden (Bild 4). Die Würfel mit den Händen im Zucker wälzen.

VARIANTE – ERDBEERWÜRFEL MIT CHAMPAGNER-GANACHE

Das Gelee können Sie mit der Champagner-Ganache von S. 36 toppen. Gelee 2 Std. fest werden lassen. Die Champagner-Ganache mit einem Teigschaber auf das Gelee geben und glatt streichen, 12 Std. ruhen lassen, bis die Ganache schnittfest ist. Backrahmen abheben und die Masse in 30–40 Würfel schneiden. 300 g weiße Kuvertüre temperieren (s. S. 6) und die Würfel nacheinander in die Kuvertüre tauchen. Mit der Pralinengabel herausholen und auf Butterbrotpapier ablegen. Auf jeden Würfel eine gestreifte Transferfolie (Spezialversand) auflegen, andrücken und erst abziehen, sobald die Kuvertüre fest geworden ist.

2

1

3

4

extra fruchtig

Himbeerpralinen

Für die Füllung
150 g weiße Schokolade
90 g Himbeerpüree (selbst gemacht, s. S. 16 oder Spezialversand)
20 g Sahne
Für die Hülle
30 weiße Hohlkugeln
150 g temperierte weiße Schokolade (s. S. 6)
roter Glanzpuder für die Deko (Spezialversand)
Und
Spritzbeutel | Spritzbeutel aus Butterbrotpapier
Pralinengabel | Butterbrotpapier

Für 30 Stück | 45 Min. Zubereitung

1 Die Schokolade für die Füllung fein hacken und in eine Schüssel geben. Himbeerpüree und Sahne in einem Topf bei mittlerer Hitze 1 Min. aufkochen. Topf von der Herdplatte ziehen, die Fruchtsahne über die Schokolade gießen und rühren, bis sich die Schokolade aufgelöst hat.

2 Die Füllung in einen Spritzbeutel geben und die Hohlkugeln damit befüllen. Dabei einen 2 mm hohen Rand frei lassen. Die temperierte Schokolade bereitstellen, sobald die Füllung fest geworden ist. Etwas Schokolade in den Spritzbeutel aus Butterbrotpapier geben und die Kugeln mit je 1 Tupfer Schokolade verschließen.

3 Pralinen mit der Pralinengabel in die temperierte Schokolade tauchen und auf ein mit Butterbrotpapier belegtes Blech legen. Sobald die Schokolade ausgehärtet ist, mit einem Pinsel rotes Glanzpuder auf jede Praline auftragen.

super knusprig

Aprikosenkaramell

Für die Füllung
400 g Sahne | 200 g Zucker
160 g getrocknete Aprikosen
2 EL Butter
Für die Hülle
200 g temperierte Vollmilchkuvertüre (s. S. 6)
Und
Backrahmen (20 x 20 cm) | Butterbrotpapier
Pralinengabel | 50 Stücke Strukturfolie (Spezialversand)

Für 50 Stück
90 Min. Zubereitung | 2 Std. Auskühlen

1 Die Sahne mit dem Zucker in einen großen Topf geben und bei starker Hitze unter ständigem Rühren aufkochen. Herd auf kleine Hitze herunterstellen und die Masse unter gelegentlichem Rühren ca. 45 Min. sanft kochen lassen, bis sie dunkler wird und so zähflüssig, dass sie Fäden zieht.

2 Inzwischen die Aprikosen klein würfeln. Den Backrahmen mit Butterbrotpapier auslegen und auf eine hitzefeste Fläche stellen. Aprikosen und Butter unter das Karamell rühren. Die Masse vorsichtig in den Backrahmen gießen und glatt streichen. Das Karamell in ca. 2 Std. vollständig auskühlen lassen.

3 Backrahmen abheben. Karamell in ca. 50 Stücke schneiden. Die temperierte Kuvertüre bereitstellen. Karamellstücke mit der Pralinengabel in die Kuvertüre tauchen und auf Butterbrotpapier ablegen. Sofort auf jede Praline 1 Stück Folie legen und leicht andrücken. Folie abziehen, sobald die Kuvertüre fest geworden ist.

links: Aprikosenkaramell | rechts: Himbeerpralinen

extravagant | schnell gemacht

Erdbeer-Balsamico-Pralinen

Ein tolles Rezept – auch als Zwischengang in einem Menü. Die Säure des Essigs ist eine spannende Ergänzung zur Erdbeere in Zartbitter.

Für die Füllung
150 g Vollmilchschokolade
100 g Erdbeerpüree (Fertigprodukt vom Spezialversand oder selbst gemacht, s. Tipp)
30 g Glukosesirup (Spezialversand)
20 ml Aceto balsamico
Für die Hülle
30 Zartbitterhohlkugeln
5 getrocknete Erdbeeren (Großmarkt oder Internetversand, s. Einkaufstipp)
150 g temperierte Zartbitterkuvertüre (s. S. 6)
Und
Dosierflasche | Spritzbeutel aus Butterbrotpapier
Pralinengabel |Butterbrotpapier

Für 30 Stück | 50 Min. Zubereitung
15 Min. Auskühlen | 30 Min. Trocknen

1 Für die Füllung die Schokolade fein hacken und in eine Schüssel geben. Das Erdbeerpüree mit dem Glukosesirup in einen kleinen Topf geben und zum Kochen bringen. Sobald es kocht, den Topf zur Seite ziehen und die Fruchtmasse über die Schokolade gießen. Sofort umrühren, bis sich die Schokolade aufgelöst hat. Den Aceto balsamico unterrühren. Die Mischung ca. 15 Min. bei Zimmertemperatur auskühlen lassen.

2 Die ausgekühlte Masse in eine Dosierflasche füllen und damit gleichmäßig auf die Hohlkugeln verteilen (Bild 1). Dabei einen 2 mm hohen Rand frei lassen. Die Füllung ca. 30 Min. anziehen lassen; sie wird etwas trüb und fester. Inzwischen die getrockneten Erdbeeren ganz klein schneiden.

3 Die temperierte Kuvertüre bereitstellen. Zum Verschließen der Kugeln etwas Kuvertüre in einen Spritzbeutel aus Butterbrotpapier füllen. Jede Praline mit einem Tupfer Kuvertüre verschließen (Bild 2).

4 Die Pralinen nacheinander mit einer runden Pralinengabel in die temperierte Kuvertüre tauchen und auf ein mit Butterbrotpapier belegtes Blech legen. Sofort ein paar Erdbeerstückchen aufstreuen.

TIPP – FRUCHTPÜREE SELBST GEMACHT

Reife Früchte der Saison waschen, wenn nötig schälen und entkernen und in kleine Stücke schneiden. In eine hohe Schüssel geben und mit dem Pürierstab pürieren. Oder im Mixer pürieren. Eventuell noch ein paar Spritzer Zitronensaft hinzufügen. Das Püree durch ein feines Sieb streichen, um Kerne und Fruchtfasern zu entfernen. Für längere Haltbarkeit und einen intensiveren Fruchtgeschmack das Püree mit Zitronensaft und 1–2 EL Zucker bei starker Hitze ca. 5 Min. kochen lassen. Achtung, die Menge reduziert sich durchs Kochen ein bisschen.

EINKAUFSTIPP

Getrocknete Erdbeeren gibt es gelegentlich im Großmarkt. Ansonsten im Internet bestellen bei www. deliwelt.de oder www.tali.de.

1

2

sommerlich frisch

Erdbeer-Joghurt-Kugeln

Für die Füllung
50 g getrocknete Erdbeeren (s. S. 16)
120 g weiße Schokolade
50 g Sahne
80 g Joghurt
Für die Hülle
30 weiße Hohlkugeln
150 g temperierte weiße Schokolade (s. S. 6)
Und
Dosierflasche | Spritzbeutel aus Butterbrotpapier
Pralinengabel | Butterbrotpapier

Für 30 Stück | 50 Min. Zubereitung

1 Für die Füllung die getrockneten Erdbeeren sehr klein würfeln. Die weiße Schokolade fein hacken. Die Sahne in einem Topf bei starker Hitze zum Kochen bringen und ca. 1 Min. kochen lassen. Topf von der heißen Platte ziehen und die gehackte Schokolade zur Sahne geben. Sofort rühren, bis sich die Schokolade aufgelöst hat. Erdbeerstücke unterheben und den Joghurt in wenigen Zügen untermischen.

2 Die Masse in eine Dosierflasche geben und die Hohlkugeln damit befüllen. Dabei einen 2 mm hohen Rand frei lassen. Die temperierte Schokolade bereit stellen. Sobald die Füllung anzieht, etwas temperierte Schokolade in den Spritzbeutel aus Butterbrotpapier füllen und die Kugeln mit 1 Tupfer verschließen. Die Kugeln mit der Pralinengabel in die temperierte Schokolade tauchen und auf Butterbrotpapier ablegen. Für das Muster sofort eine Gabel leicht aufdrücken.

ein Hauch von Indien

Mango-Lassi-Pralinen

Für die Füllung
100 g weiße Schokolade
100 g Mangopüree (aus dem Asienladen)
1 TL Kurkumapulver
50 g Joghurt
Für die Hülle
30 weiße Hohlkugeln
150 g temperierte weiße Schokolade (s. S. 6)
Und
Dosierflasche | Spritzbeutel aus Butterbrotpapier
Butterbrotpapier | Pralinengabel | 30 Stücke Strukturfolie (Spezialversand)

Für 30 Stück
50 Min. Zubereitung | 30 Min. Aushärten

1 Für die Füllung die weiße Schokolade fein hacken und in eine hitzefeste Schüssel geben. Mangopüree und Kurkuma in einen Topf geben und bei mittlerer Hitze kurz aufkochen. Das Fruchtpüree zur Schokolade gießen, sofort rühren, bis die Schokolade sich aufgelöst hat. Joghurt unterziehen, die Masse 15 Min. abkühlen lassen.

2 Die Masse in die Dosierflasche füllen und die Hohlkugeln damit befüllen. Dabei einen 2 mm hohen Rand frei lassen. Füllung ca. 30 Min. fest werden lassen. Die temperierte Schokolade bereitstellen, etwas in den Spritzbeutel aus Butterbrotpapier geben und die Kugeln mit 1 Tupfer Schokolade verschließen.

3 Die Kugeln in die temperierte Schokolade tauchen und auf Butterbrotpapier ablegen. Sofort die Strukturfolie auflegen und leicht andrücken. Abziehen, sobald die Kuvertüre fest ist.

oben: Erdbeer-Joghurt-Kugeln | unten: Mango-Lassi-Pralinen

1

2

3

4

fruchtig | herb

Amarenakirsch-Pralinen

Hier zeigen wir Ihnen Schritt für Schritt, wie man Hohlformen selbst herstellt, sie mit einer köstlichen Ganache befüllt und mit Kuvertüre verschließt. Ganz wie die Profis.

Für die Hülle
200 g Zartbitterkuvertüre
Für die Füllung
80 g Zartbitterschokolade
50 g Vollmilchschokolade
50 g abgetropfte Amarenakirschen
5 getrocknete Chilischoten | 100 g Sahne
Und
1 Pralinenform mit 24 Mulden | Spachtel
Spritzbeutel | Holzspieß

Für ca. 24 Pralinen (aus der Form)
65 Min. Zubereitung | 30 Min. Aushärten

1 Die Pralinenform mit Watte ausreiben, um Kuvertüre und Wasserflecken zu entfernen. Für die Hülle die Zartbitterkuvertüre fein hacken und temperieren wie folgt: Zwei Drittel der gehackten Kuvertüre in einer Schüssel auf dem Wasserbad schmelzen, Schüssel vom Topf nehmen und die übrige Kuvertüre unterrühren. Kuvertüre auf 27° abkühlen lassen, dann auf 32–33° erhitzen.

2 Die Mulden der Pralinenform bis oben hin mit Kuvertüre füllen. Die überschüssige Kuvertüre mit dem Spachtel abstreifen (Bild 1). Mit dem Spachtel seitlich gegen die Form klopfen, damit die Luftblasen aufsteigen.

3 Die Form über der Schüssel mit der Kuvertüre umdrehen und mit dem Spachtel gegen die Form klopfen, sodass der Großteil der Kuvertüre aus den Mulden herausfließt (Bild 2). Mit dem Spachtel überschüssige Kuvertüre von der Oberfläche der Form abstreifen. Pralinenform beiseitestellen.

4 Für die Füllung die beiden Schokoladen fein hacken. Amarenakirschen sehr fein schneiden. Chilischoten zerkleinern, dabei die Kerne entfernen. Die Sahne in einem Topf aufkochen und ca. 1 Min. kochen lassen. Topf von der Platte ziehen, die Chilischoten in die Sahne geben und 10 Min. darin ziehen lassen. Die Sahne durch ein Sieb in eine Schüssel gießen und wieder in den Topf gießen. Kurz erhitzen und dann die gehackte Schokolade dazugeben und alles rasch glatt rühren. Kirschen schnell unter die Creme heben – schnell, damit die Creme durch die »feuchte« Zutat nicht stockt.

5 Creme in einen Spritzbeutel füllen und in die Formen spritzen. Dabei einen Rand von ca. 2 mm frei lassen (Bild 3). Mit einem Holzspieß die Füllung in jeder Mulde kurz umrühren. Füllung 30 Min. aushärten lassen.

6 Übrige temperierte Kuvertüre gleichmäßig über die Form gießen, sodass alle Mulden bedeckt sind. Mit dem Spachtel rundherum gegen die Form klopfen, damit keine Luftblasen entstehen. Die überschüssige Kuvertüre mit dem Spachtel abziehen (Bild 4). Kuvertüre 10 Min. aushärten lassen. Die Form umdrehen und mit Schwung auf eine Fläche schlagen, um die Pralinen herauszuholen. (Sollten die Pralinen nicht aus der Form kommen, z. B. weil es in der Küche zu warm ist, die Form 30 Minuten ins Gefrierfach stellen.)

ein perfektes Duo

Ananas-Kokos-Traum

Diese Praline weckt Urlaubsgefühle – wer sich traut, schmeckt die Ananasganache mit einem Teelöffel Currypulver ab!

Für die Kokosfüllung
100 g dicke Kokosmilch (aus der Dose, s. Tipp)
50 g Kokospulver (aus dem Asienladen)
2–3 EL sehr feine Kokosraspeln
80 g weiße Schokolade

Für die Ananasfüllung
150 g weiße Schokolade
100 g frische reife Ananas
50 g dicke Kokosmilch (aus der Dose, s. Tipp)
nach Belieben 1 TL Currypulver

Für die Hülle
60 weiße Hohlkugeln
300 g temperierte weiße Schokolade (s. S. 6)
2 kandierte Ananasringe für die Deko

Und
2 Spritzbeutel | 1 Spritzbeutel aus Butterbrotpapier | Pralinengabel

Für 60 Stück
55 Min. Zubereitung | 30 Min. Festwerden

1 Für die Kokosfüllung die Kokosmilch und das Kokospulver in einen Topf geben und 1 Min. aufkochen. Die Kokosraspeln unterheben und den Topf von der Herdplatte ziehen. Die Masse 5 Min. ziehen lassen. Inzwischen die weiße Schokolade fein hacken. Schokolade unter die Kokosmasse rühren, bis sie geschmolzen ist. Die Mischung in einen Spritzbeutel geben und die Hohlkugeln je bis zur Hälfte damit befüllen.

2 Für die Ananasfüllung die weiße Schokolade fein hacken und in eine Schüssel geben. Die Ananas in Stücke schneiden und mit einem Pürierstab oder im Mixer fein pürieren. Das Püree durch ein Sieb streichen.

3 Die Kokosmilch erhitzen und nach Belieben das Currypulver einrühren. Kokosmilch über die Schokolade gießen und rühren, bis diese sich aufgelöst hat. Ananaspüree unterrühren und alles ca. 15 Min. auskühlen lassen. Mischung in einen Spritzbeutel füllen und die Hohlkugeln bis 2 mm unter den Rand befüllen. Füllung ca. 30 Min. fest werden lassen.

4 Inzwischen die kandierten Ananasringe klein schneiden. Die temperierte weiße Schokolade bereitstellen. Etwas Schokolade in den Spritzbeutel aus Butterbrotpapier geben und die Kugeln mit je 1 Tupfer verschließen. Pralinen in die temperierte Schokolade tauchen und mit der Pralinengabel auf Butterbrotpapier ablegen. Sofort mit getrockneter Ananas dekorieren.

TIPP – DICKE KOKOSMILCH

Öffnen Sie die Dose mit der Kokosmilch, ohne sie vorher zu schütteln. Oben lagert sich eine cremige Schicht ab, die dickflüssiger ist und intensiver nach Kokos schmeckt. Sie eignet sich am besten für die Pralinenherstellung.

Würzig und fein

Die Rezepte klingen exotisch, aber manche Zutaten finden Sie im heimischen Garten: feine Kräuter, die den Pralinen in diesem Kapitel ihre besondere Note verleihen. Reichen Sie diesen würzigen Walnuss-Rosmarin-Krokant zu einer Käseplatte und einem fruchtigen Gewürztraminer.

Walnuss-Rosmarin-Krokant

200 g Walnusskerne
1 TL frische Rosmarinnadeln
100 g Einmachzucker
50 g Sahne
1 EL weiche Butter
200 g temperierte Zartbitterkuvertüre (s. S. 6)
Und
Öl für die Arbeitsfläche | Pralinengabel
Butterbrotpapier

Für ca. 30 Stück
1 Std. Zubereitung | 1 Std. Auskühlen

1 Die Walnusskerne grob hacken. Rosmarin waschen, abtrocknen und sehr fein hacken. Den Zucker in einen Topf geben und bei mittlerer Hitze ohne Rühren in ca. 3 Min. zu einem hellen Karamell schmelzen. Nüsse und Rosmarin dazugeben und rühren, bis alle Zutaten vermischt sind.

2 Die Sahne dazugießen und alles unter Rühren 5 Min. bei schwacher Hitze sanft kochen lassen. Eine hitzebeständige Arbeitsfläche (oder ein umgedrehtes Backblech) einölen. Die Butter unter die Masse heben und alles vorsichtig auf die Arbeitsfläche gießen. (Die Masse sollte etwa 1 cm hoch sein.)

3 Die Masse in ca. 1 Std. vollständig auskühlen lassen. Krokant in 30 Rechtecke von etwa 2 x 3 cm Größe schneiden. Die temperierte Kuvertüre bereitstellen. Die Krokantstücke mit der Pralinengabel in die temperierte Kuvertüre tauchen und auf Butterbrotpapier ablegen.

weihnachtlich

Zimttrüffel

Dieser würzig-feine Trüffel macht Lust auf kuschelige Genießerstunden im Winter.

Für die Füllung
300 g Vollmilchschokolade
100 g Sahne
½ TL Zimtpulver
50 g weiche Butter
Für die Hülle
150 g temperierte Zartbitterkuvertüre (s. S. 6)
100 g Kakaopulver
Und
Spritzbeutel | Pralinengabel | Butterbrotpapier

Für 30–40 Stück | 1 Std. Zubereitung
12 Std. Ruhen | 1 Std. Trocknen

1 Für die Füllung die Vollmilchschokolade sehr klein schneiden. Die Sahne und das Zimtpulver in einen kleinen Topf geben. Sahne bei starker Hitze zum Kochen bringen und 1 Min. kochen lassen. Den Topf von der Herdplatte ziehen.

2 Die gehackte Vollmilchschokolade in die Sahne geben und in wenigen Zügen glatt rühren, bis sie sich aufgelöst hat. Diese Ganache mit Klarsichtfolie abdecken und bei Zimmertemperatur ca. 12 Stunden ruhen lassen.

3 Die Ganache mit einem Schneebesen kräftig aufschlagen und dabei nach und nach die weiche Butter untermischen. Die Masse in einen Spritzbeutel füllen und ca. 30 mundgerechte Tupfen auf ein mit Butterbrotpapier belegtes Blech setzen. Trüffel 1 Std. trocknen lassen. Kakaopulver in einen tiefen Teller geben. Die temperierte Kuvertüre bereitstellen.

4 Für jeden Trüffel beide Handflächen mit etwas temperierter Kuvertüre bedecken und den Trüffel in den Händen rollen, bis er rundherum mit Kuvertüre umhüllt ist. Trüffel in das Kakaopulver legen und mit einer Pralinengabel darin wälzen, bis er vollkommen mit Kakao bedeckt ist. Alle Trüffel auf die gleiche Weise mit Kuvertüre bedecken und im Kakao wälzen. Die Trüffel nach ca. 2 Minuten mit der Pralinengabel herausheben und auf Butterbrotpapier ablegen.

TAUSCH-TIPP

Den Zimt können Sie durch andere Gewürze austauschen, z. B. durch Kardamom, Lebkuchengewürz, Chilipulver oder Pfeffer. Hier dürfen Sie Ihrer Kreativität freien Lauf lassen.

AROMA-TIPP

Sie können auch die Hülle der Trüffel mit einem Hauch von Gewürzen verfeinern. Rühren Sie dazu eine Messerspitze des Gewürzes Ihrer Wahl unter das Kakaopulver, bevor Sie die Trüffel darin wälzen. Besonders spannend: eine Prise Meersalz, im Mörser ganz fein zermahlen und unter den Kakao gemischt, überrascht den Genießer und sensibilisiert die Geschmacksknospen für den Inhalt des Trüffels.

heiße Liebe mal anders

Feigen-Chili-Pralinen

Bei diesem Rezept wird Ihnen gewiss warm ums Herz. Die Kombination von Chilischoten, Feigen und Schokolade überzeugt auch weniger »süße« Menschen.

Für die Füllung
80 g Zartbitterschokolade
80 g Vollmilchschokolade
100 g Sahne
6 getrocknete Chilischoten
50 g getrocknete Feigen
Für die Hülle
30 Zartbitterhohlkugeln
150 g temperierte Zartbitterkuvertüre (s. S. 6)
Und
Spritzbeutel | Spritzbeutel aus Butterbrotpapier
Pralinengabel | Goldfarbe für die Deko (Spezialversand) | etwas Wodka

Für 30 Stück | 50 Min. Zubereitung
15 Min. Kühlen | 30 Min. Aushärten

1 Beide Schokoladen fein hacken und in eine Schüssel geben. Die Sahne und die Chilischoten in einen kleinen Topf geben. Sahne bei starker Hitze kurz aufkochen, den Topf zur Seite ziehen und die Chilis ca. 5 Min. ziehen lassen. Die Sahne nochmals kurz erhitzen und durch ein Sieb zur gehackten Schokolade gießen. Chilischoten wegwerfen. Sahne und Schokolade verrühren, bis sich die Schokolade aufgelöst hat. Die Ganache 15 Min. abkühlen lassen.

2 Inzwischen die getrockneten Feigen sehr klein würfeln. Die abgekühlte Ganache mit einem Löffel in einen Spritzbeutel geben und die Hohlkugeln damit etwa bis zur Hälfte füllen. Ein paar Feigenwürfel auf die Ganache in jede Kugel legen. Die übrige Ganache bis 2 mm unter den Rand der Kugel einfüllen. Ganache ca. 30 Min. anziehen lassen.

3 Die temperierte Kuvertüre bereitstellen. Etwas Kuvertüre in den Spritzbeutel aus Butterbrotpapier füllen und die Kugeln mit je einem Tupfer verschließen. Pralinen mit einer Pralinengabel in die temperierte Kuvertüre tauchen, bis sie rundherum damit bedeckt sind. Auf Butterbrotpapier ablegen und Kuvertüre aushärten lassen.

4 Die Goldfarbe mit ein paar Tropfen Alkohol (z. B. Wodka) anrühren und mit dem Pinsel auf die Pralinen auftragen.

TAUSCH-TIPP

Sie können die getrockneten Feigen durch jede andere getrocknete oder kandierte Frucht ersetzen, z. B. durch Orange, Birne, Erdbeere oder Ingwer.

VARIANTE – TONKAPRALINEN

100 g Sahne in einem kleinen Topf bei mittlerer Hitze zum Kochen bringen. Inzwischen 2 Tonkabohnen auf der Muskatreibe fein reiben. Geriebene Tonkabohnen in die Sahne geben und den Topf von der Herdplatte ziehen. 200 g Vollmilchkuvertüre fein hacken und in eine Schüssel geben. Sahne darübergießen und beides gut verrühren. Die Ganache mit einem Spritzbeutel in 30 Vollmilchhohlkugeln füllen, diese mit 150 g temperierter Vollmilchkuvertüre verschließen und überziehen.

italienisch angehaucht

Basilikumpralinen

Für die Füllung
100 g Sahne
1 EL getrocknetes Basilikum (2 g)
200 g weiße Schokolade | 1 EL weiche Butter
Für die Hülle
30 Vollmilchhohlkugeln
150 g temperierte Vollmilchkuvertüre (s. S. 6)
getrocknetes Basilikum für die Deko
Und
Spritzbeutel | Spritzbeutel aus Butterbrotpapier
Pralinengabel | Butterbrotpapier

Für 30 Stück | 45 Min. Zubereitung
2 Std. Ruhen

1 Sahne und Basilikum in einem Topf bei mittlerer Hitze aufkochen. Sahne 1 Min. kochen lassen, den Topf von der Platte ziehen und den Basilikum 10 Min. ziehen lassen. Inzwischen die Schokolade fein hacken und in eine Schüssel geben. Die Basilikumsahne nochmal erhitzen, durch ein feines Sieb auf die Schokolade gießen und sofort rühren, bis sich die Schokolade aufgelöst hat. Die Ganache 2 Std. ruhen lassen.

2 Die weiche Butter mit dem Pürierstab unter die Ganache rühren. Ganache in einen Spritzbeutel füllen und damit die Hohlkugeln befüllen, dabei einen 2 mm hohen Rand lassen. Die temperierte Kuvertüre bereitstellen. Etwas Kuvertüre in den Spritzbeutel aus Butterbrotpapier geben und die Kugeln mit je 1 Tupfer verschließen. Kugeln in die übrige Kuvertüre tauchen, bis sie rundherum bedeckt ist. Pralinen mit der Pralinengabel auf Butterbrotpapier ablegen und mit getrocknetem Basilikum dekorieren.

zarter Schmelz

Safranpralinen

Für die Füllung
200 g weiße Schokolade
1 Döschen Safranfäden (0,1 g)
1 Vanilleschote
50 g Sahne
50 g Glukosesirup (www.hobbybäcker.de)
Für die Hülle
30 weiße Hohlkugeln
150 g temperierte weiße Schokolade (s. S. 6)
Und
Dosierflasche | Spritzbeutel aus Butterbrotpapier
Pralinengabel | Butterbrotpapier

Für 30 Stück | 50 Min. Zubereitung
15 Min. Auskühlen | 30 Min. Aushärten

1 Die weiße Schokolade sehr fein hacken. Einige Safranfäden klein schneiden und beiseitelegen. Übrigen Safran im Mörser zerreiben. Vanilleschote aufschneiden und das Mark herauskratzen. Sahne und Glukose in einem Topf bei starker Hitze aufkochen. 1 Min. kochen lassen, Safran zufügen, Topf zur Seite ziehen. Gehackte Schokolade zur Safransahne geben. Rühren, bis die Schokolade sich aufgelöst hat. Ganache 15 Min. auskühlen lassen.

2 Ganache in eine Dosierflasche geben und in die Hohlkugeln füllen. Dabei einen 2 mm hohen Rand lassen. Füllung 30 Min. trocknen lassen. Die temperierte Schokolade bereitstellen. Etwas Schokolade in den Spritzbeutel aus Butterbrotpapier geben und die Kugeln mit je 1 Tupfer verschließen. Kugeln in die übrige Schokolade tauchen, bis sie rundherum bedeckt sind, mit der Pralinengabel auf Butterbrotpapier ablegen und mit Safran dekorieren.

oben: Basilikumpralinen | unten: Safranpralinen

herbe Frische

Minzpralinen

Für die Füllung
1 Bund Minze | 100 g Sahne
100 g Vollmilchschokolade
70 g Zartbitterschokolade
1 EL weiche Butter
Für die Hülle
30 weiße Hohlkugeln
150 g temperierte weiße Schokolade (s. S. 6)
30 kandierte Minzeblätter (Spezialversand)
Und
Spritzbeutel | Spritzbeutel aus Butterbrotpapier
Pralinengabel | Butterbrotpapier

Für 30 Stück | 50 Min. Zubereitung
15 Min. Abkühlen | 30 Min. Festwerden

1 Minze waschen und trocken tupfen, Blätter abzupfen und grob hacken. Sahne in einem Topf kurz aufkochen, von der Herdplatte ziehen. Die Minze in die Sahne geben und 10 Min. ziehen lassen.

2 Inzwischen die Schokoladen fein hacken und in eine Schüssel geben. Die Sahne wieder erhitzen, durch ein Sieb dazugießen und rühren, bis sich die Schokolade aufgelöst hat. Die Masse 15 Min. auskühlen lassen. Die Butter mit dem Pürierstab unter die Ganache mischen. Ganache in einen Spritzbeutel füllen und die Hohlkugeln damit befüllen, dabei einen 2 mm hohen Rand frei lassen. Füllung 30 Min. fest werden lassen.

3 Temperierte Schokolade bereitstellen, etwas in einen Spritzbeutel aus Butterbrotpapier geben und die Kugeln mit je 1 Tupfer verschließen. In die Schokolade tauchen und auf Butterbrotpapier ablegen, mit kandierten Minzeblättern verzieren.

Digestif mal anders

Kräuterlikör-Trüffel

Für die Füllung
60 g Sahne
20 ml Kräuterlikör (z. B. Jägermeister oder Averna)
80 g Vollmilchschokolade
100 g weiße Schokolade
Für die Hülle
30 Vollmilchhohlkugeln
150 g temperierte Vollmilchkuvertüre (s. S. 6)
Und
Dosierflasche | Spritzbeutel aus Butterbrotpapier
Pralinengabel und -gitter | Butterbrotpapier

Für 30 Stück
50 Min. Zubereitung | 30 Min. Trocknen

1 Die Sahne mit dem Kräuterlikör in einem Topf bei mittlerer Hitze aufkochen. Inzwischen die Schokoladen hacken und in eine mittelgroße Schüssel geben. Topf von der Platte ziehen. Die Sahne-Likör-Mischung über die Schokolade gießen und rühren, bis sich die Schokolade aufgelöst hat.

2 Die Ganache 15 Min. abkühlen lassen und in eine Dosierflasche füllen. Die Hohlkugeln damit befüllen. Dabei einen 2 mm hohen Rand lassen. Füllung 30 Min. trocknen lassen.

3 Die temperierte Kuvertüre bereitstellen. Etwas Kuvertüre in einen Spritzbeutel aus Butterbrotpapier geben und die Kugeln mit je 1 Tupfer verschließen. In die Kuvertüre tauchen und auf das Pralinengitter legen. Trüffel mit der Pralinengabel hin- und herwälzen, bis sie das typische Trüffelmuster haben. Auf Butterbrotpapier ablegen.

links: Minzpralinen | rechts: Kräuterlikör-Trüffel

Mit Schuss und Kaffee

Diese Rezepte klingen wie eine Empfehlung aus der Getränkekarte. Kaffee findet hier seine wunderbare Bestimmung ebenso wie Likör und Hochprozentiges. Aber zum Einstieg gibt es erst mal etwas Feines mit Tee in zarter Vollmilchhülle.

Teepralinen

200 g Vollmilchschokolade
200 g Zartbitterschokolade
200 g Sahne
10 Beutel schwarzer Tee
200 g temperierte Vollmilchkuvertüre (s. S. 6)
Und
Butterbrotpapier | Backrahmen (20 x 20 cm)
Pralinengabel | 50 Stücke Transferfolie für die Deko (Spezialversand)

Für ca. 50 Stück | 1 Std. Zubereitung
24 Std. Aushärten | 30 Min. Festwerden

1 Die beiden Schokoladen sehr fein hacken und in eine Schüssel geben. Die Sahne in einem kleinen Topf aufkochen lassen. Den Topf sofort von der Herdplatte ziehen und die Teebeutel in die Sahne hängen. Teebeutel ca. 5 Min. ziehen lassen, gut ausdrücken und wieder herausnehmen.

2 Die Sahne mit Teearoma wieder erhitzen und die Schokolade dazugeben. Rühren, bis sich die Schokolade aufgelöst hat. Ganache etwas abkühlen lassen.

3 Den Backrahmen mit Butterbrotpapier auslegen und auf eine hitzefeste Fläche stellen. Die Ganache in den Rahmen gießen, mit Klarsichtfolie abdecken und ca. 24 Std. aushärten lassen.

4 Rahmen abheben. Die Masse in ca. 50 gleich große Rauten schneiden. Die temperierte Kuvertüre bereitstellen. Die Pralinen in die Kuvertüre tauchen, bis sie damit umhüllt sind, und auf Butterbrotpapier ablegen. Sofort auf jede Praline 1 Stück Transferfolie auflegen und etwas andrücken. Nach ca. 30 Min. die Folie von der fest gewordenen Kuvertüre abziehen.

beschwipst und sauer

Limoncello-Trüffel

Hier verrate ich Ihnen ein Rezept, das sich toll mit verschiedenen Likören und Schnäpsen abwandeln lässt.

Für die Füllung
Schale von 1 Bio-Zitrone
300 g weiße Schokolade
50 g Sahne
50 ml Limoncello
40 g weiche Butter
Für die Hülle
150 g temperierte weiße Schokolade (s. S. 6)
50 g Puderzucker
Und
Spritzbeutel | Butterbrotpapier | Pralinengabel

Für 30–40 Stück | 1 Std. Zubereitung
12 Std. Ruhen | 1 Std. Trocknen

1 Für die Füllung die Bio-Zitrone heiß abwaschen und abtrocknen. Die Schale dünn abschälen und ganz fein schneiden. Die weiße Schokolade fein hacken und in eine Schüssel geben.

2 Die Sahne mit der Zitronenschale und der Hälfte des Limoncello in einem Topf bei starker Hitze kurz aufkochen. Die Zitronensahne über die Schokolade gießen und sofort rühren, bis sich die Schokolade aufgelöst hat. Ganache mit Klarsichtfolie abdecken und ca. 12 Std. ruhen lassen.

3 Ganache mit dem Rührgerät auf kleiner Stufe kräftig aufschlagen. Die Butter untermischen. Den übrigen Limoncello in einem dünnen Strahl einfließen lassen. Die Masse 3 Min. schlagen, bis sie schön luftig und steif ist.

4 Ein Blech mit Butterbrotpapier belegen. Die Masse in einen Spritzbeutel füllen und etwa 30 trüffelgroße Tupfen auf das Butterbrotpapier spritzen (Bild 1). Diese ca. 1 Std. im Kühlschrank aushärten lassen.

5 Puderzucker in eine Schüssel oder auf ein Tablett geben. Die temperierte Schokolade bereitstellen. Für jeden Trüffel erneut die Handflächen mit etwas temperierter Schokolade bedecken und den Trüffel in den Händen rollen, bis er rundum von Schokolade umhüllt ist. Trüffel im Puderzucker ablegen (Bild 2).

6 Trüffel nacheinander mit einer Pralinengabel im Puderzucker wälzen, bis sie vollkommen damit bedeckt sind. Die Trüffel nach ca. 2 Min. mit der Pralinengabel aus dem Zucker holen, dabei auf die Gabel legen, nicht aufspießen!

VARIANTE – CHAMPAGNERTRÜFFEL

300 g weiße Schokolade fein hacken und in eine Schüssel geben. 50 g Sahne bei starker Hitze kurz aufkochen. 25 ml Champagner unterrühren und diese Mischung über die Schokolade gießen. Sofort rühren, bis sich die Schokolade aufgelöst hat. Die Ganache mit Klarsichtfolie abdecken und ca. 12 Std. bei Zimmertemperatur ruhen lassen. Ganache mit dem Rührgerät auf kleiner Stufe kräftig aufschlagen. 40 g weiche Butter mit dem Rührgerät untermischen. 25 ml Champagner einfließen lassen. Die Masse etwa 3 Min. schlagen, bis sie schön luftig und steif ist. Die Masse weiter verarbeiten wie bei den Limoncello-Trüffeln.

1

2

klassisch und einfach

Baileys-Trüffel

Besonders beliebt bei »großen Mädchen«! Versuchen Sie auch mal einen anderen Sahnelikör.

Für die Füllung 100 g weiße Schokolade
50 g Vollmilchschokolade | 70 g Sahne
1 EL lösliches Kaffeepulver | 50 ml Baileys
Für die Hülle 30 Vollmilchhohlkugeln
150 g temperierte Vollmilchkuvertüre (s. S. 6)
Goldglitter für die Deko (Spezialversand)
Und Spritzbeutel | Spritzbeutel aus Butterbrotpapier | Pralinengabel | Butterbrotpapier

Für 30 Stück
50 Min. Zubereitung | 20 Min. Abkühlen

1 Für die Füllung die Schokoladen fein hacken und in eine mittelgroße Schüssel geben. Die Sahne bei mittlerer Hitze in einem kleinen Topf 1 Min. aufkochen, den Topf von der Herdplatte ziehen und das Kaffeepulver und den Baileys unterrühren. Die Sahne über die gehackte Schokolade gießen und sofort rühren, bis sich die Schokolade aufgelöst hat.

2 Die Ganache ca. 20 Min. abkühlen lassen. Mit einem Löffel in einen Spritzbeutel geben und damit in die Hohlkugeln füllen. Einen 2 mm hohen Rand frei lassen. Die temperierte Kuvertüre bereitstellen.

3 Etwas temperierte Kuvertüre in den Spritzbeutel aus Butterbrotpapier geben und die Hohlkugeln mit je 1 Tupfer verschließen. Kurz antrocknen lassen. Die Hohlkugeln mit der Pralinengabel in die temperierte Kuvertüre tauchen und darin wälzen, bis sie rundum mit Kuvertüre überzogen sind. Trüffel mit der Pralinengabel aus der Kuvertüre nehmen, auf Butterbrotpapier absetzen und sofort mit Goldglitter bestreuen.

nicht nur zur Weihnachtszeit

Rumtrüffel

100 g Zartbitterschokolade | 50 g Vollmilchschokolade | 100 g Sahne | 20 g Glukosesirup
20 ml Rum | 30 Zartbitterhohlkugeln
150 g temperierte Zartbitterkuvertüre (s. S. 6)
30 Stücke Transferfolie mit Goldpunkt für die Deko (Spezialversand)

Für 30 Stück
50 Min. Zubereitung | 20 Min. Abkühlen

1 Schokoladen hacken und in eine Schüssel geben. Die Sahne mit Glukosesirup in einem Topf 1 Min. aufkochen, Topf von der Herdplatte ziehen und den Rum unterrühren. Rumsahne über die Schokolade gießen und rühren, bis sich die Schokolade aufgelöst hat. Ganache 20 Min. abkühlen lassen.

2 In die Hohlkugeln füllen (s. S. 38). Die temperierte Kuvertüre bereitstellen, die Kugeln damit verschließen und darin tauchen (s. S. 38). Rumtrüffel ablegen und je 1 Stück Folie mit Goldpunkt aufdrücken. Abheben, sobald die Kuvertüre fest ist.

die Hellen in diesem Trio

Cointreau-Trüffel

150 g weiße Schokolade | 1 Bio-Orange
80 g Sahne | 20 g Glukosesirup | 30 ml Cointreau
30 weiße Hohlkugeln | 150 g temperierte weiße Schokolade (s. S. 6) | Orangeat für die Deko

Für 30 Stück
1 Std. Zubereitung | 20 Min. Abkühlen

1 Schokolade hacken und in eine Schüssel geben. Orange heiß abwaschen, abtrocknen, Schale dünn abschälen und sehr klein schneiden. Sahne mit Glukosesirup und Orangenschale in einem Topf 1 Min. aufkochen. Orangensahne über die Schokolade gießen und rühren, bis sich die Schokolade aufgelöst hat. Cointreau einfließen lassen und unterrühren. Ganache ca. 20 Min. abkühlen lassen.

2 Orangeat fein schneiden. Ganache mit dem Spritzbeutel in die Hohlkugeln füllen. Diese mit temperierter Schokolade verschließen und darin tauchen (s. S. 38). Jeden Trüffel mit 1 Stück Orangeat verzieren.

elegant | feierlich

Portweingelee

Dieses Gelee ist pur ein wahrer Genuss. Es eignet sich aber auch als Basis für allerlei raffinierte Schichtpralinen.

3 Blatt Gelatine
20 g Pektin
350 g Zucker
450 ml trockener Portwein
Saft von 1 Zitrone
100 g Glukosesirup
100 g Kristallzucker zum Wälzen

Und

Backrahmen (20 x 20 cm) | Butterbrotpapier
Pralinengabel

Für ca. 30 Stücke
40 Min. Zubereitung | 2 Std. Ruhen

1 Die Gelatine nach Packungsanweisung einweichen. Den Backrahmen mit Butterbrotpapier auslegen und auf eine hitzefeste Fläche stellen.

2 Das Pektin in einem Schälchen mit 50 g Zucker mischen. In einem mittelgroßen Topf 250 ml Portwein mit dem Zitronensaft aufkochen und die Pektin-Zucker-Mischung einrühren. Unter Rühren 2 Min. weiterkochen. Gelatine abtropfen lassen. Den Topf vom Herd ziehen und die Gelatine unterrühren. Diese Masse in eine große Schüssel füllen.

3 Den übrigen Zucker mit dem übrigen Portwein und dem Glukosesirup aufkochen. Die kochende Masse in die Schüssel gießen und sofort mit einem Schneebesen 3 Min. lang kräftig rühren. Bevor die Masse zäh wird, in den Backrahmen gießen und mit einem Teigschaber glatt streichen. Das Gelee 2 Std. ruhen lassen.

4 Den Backrahmen vorsichtig abheben. Das Gelee in ca. 30 Stücke schneiden. Den Kristallzucker in eine Schüssel geben und die Geleestücke mithilfe der Pralinengabel nacheinander im Zucker wälzen.

VARIANTE – GELEE MIT ZIMT-GANACHE

Gelee mindestens 1 Std. fest werden lassen. Inzwischen die Zimt-Ganache von S. 26 zubereiten. Für eine Schichtpraline die Zimt-Ganache auf das Gelee im Backrahmen auftragen und mit dem Teigschaber glatt streichen. Fest werden lassen und in Stücke schneiden. Diese Stücke mit temperierter Zartbitterkuvertüre umhüllen. Optisch interessant ist auch eine andere Variante: Das Gelee zuerst in ca. 30 Stücke schneiden und die Ganache per Spritzbeutel auf jedes Geleestück aufspritzen.

TIPPS

Nehmen Sie trockenen Portwein für das Gelee. Je süßer ein Wein ist, desto weniger geliert er.
In der Vorweihnachtszeit würzen Sie den trockenen Rotwein mit Ihrer eigenen Glühweingewürz-Mischung: Zimtstangen, Nelken und Orangenschale. Oder Sie nehmen fertige Glühweingewürz-Beutel. Lassen Sie in jedem Fall die Gewürze im Wein nach dem Aufkochen noch 10 Min. ziehen. Dann die Gewürze entfernen und den Glühwein nochmals aufkochen.

TAUSCH-TIPP

Für einen weniger intensiven Portweingeschmack die Hälfte des Portweins durch Rotwein ersetzen.

Omas Liebling

Eierlikörtrüffel

Für die Füllung
150 g weiße Schokolade
130 ml Eierlikör
50 g weiche Butter
Für die Hülle
30 weiße Hohlkugeln
150 g temperierte weiße Schokolade (s. S. 6)
Glanzpuder für die Deko (Spezialversand: www.pralinenwerkzeug.de)
Und
Spritzbeutel | Spritzbeutel aus Butterbrotpapier
Pralinengabel | Butterbrotpapier

Für 30 Stück | 50 Min. Zubereitung
20 Min. Ruhen | 30 Min. Aushärten

1 Die Schokolade für die Füllung fein hacken und in eine Schüssel geben. Den Eierlikör bei starker Hitze 1 Min. aufkochen. Die Butter einrühren und die Masse unter die Schokolade heben, bis diese geschmolzen ist. Ganache 20 Min. ruhen lassen.

2 Ganache mit dem Pürierstab in ca. 3 Min. steif schlagen. In einen Spritzbeutel füllen und die Ganache in die Hohlkugeln füllen. Dabei einen 2 mm hohen Rand lassen. Füllung kurz anziehen lassen. Die temperierte weiße Schokolade bereitstellen.

3 Etwas Schokolade in den Spritzbeutel aus Butterbrotpapier geben und die Hohlkugeln mit je 1 Tupfer verschließen. Die Trüffel in die temperierte Schokolade tauchen, bis sie damit überzogen sind. Trüffel auf Butterbrotpapier ablegen und 30 Min. aushärten lassen. Mit einem Pinsel etwas Glanzpuder auf jeden Trüffel auftragen.

exotisch

Piña-Colada-Trüffel

Für die Füllung
150 g weiße Schokolade
70 g frische Ananas
70 g dicke Kokosmilch (Dose, obere Schicht)
30 ml weißer Rum
5 geh. EL Kokospulver (30 g, Asienladen)
Für die Hülle
30 weiße Hohlkugeln
150 g temperierte weiße Schokolade (s. S. 6)
1 kandierter Ananasring für die Deko
Und
Spritzbeutel | Spritzbeutel aus Butterbrotpapier
Pralinengabel | Butterbrotpapier

Für 30 Stück | 50 Min. Zubereitung

1 Die weiße Schokolade fein hacken. Die frische Ananas in Stücke schneiden, mit dem Pürierstab fein pürieren und durch ein Sieb streichen. Kokosmilch bei mittlerer Hitze aufkochen, den Rum dazugeben und das Kokospulver unterrühren. Topf zur Seite stellen und das Ganze 5 Min. ziehen lassen.

2 Die gehackte Schokolade zur Kokosmilch geben und rühren, bis sie sich aufgelöst hat. Das Ananaspüree unterrühren und die Masse mithilfe eines Spritzbeutels in die Hohlkugeln füllen.

3 Die Füllung 30 Min. trocknen lassen. Inzwischen den Ananasring in 30 Stücke schneiden. Temperierte weiße Schokolade bereitstellen. Etwas davon in den Spritzbeutel aus Butterbrotpapier geben und die Hohlkugeln mit je 1 Tupfer verschließen. Hohlkugeln in die Schokolade tauchen und ablegen. Auf jede Praline 1 Stück kandierte Ananas legen.

oben: Eierlikörtrüffel | unten: Piña-Colada-Trüffel

für Kaffeeliebhaber

Cappuccino-Pralinen

Für die Füllung
100 g weiße Schokolade
50 g Vollmilchschokolade
100 g Sahne | 3 EL Cappuccinopulver
Für die Hülle
30 weiße Hohlkugeln
150 g temperierte weiße Schokolade (s. S. 6)
1–2 TL Cappuccinopulver zum Bestreuen
Und
Spritzbeutel | Spritzbeutel aus Butterbrotpapier
Pralinengabel | Butterbrotpapier

Für 30 Stück | ◷ 1 Std. Zubereitung
20 Min. Auskühlen

1 Die Schokoladen fein hacken und in eine Schüssel geben. Die Sahne bei mittlerer Hitze in einem Topf 1 Min. aufkochen, den Topf von der Herdplatte ziehen und das Cappuccinopulver unterrühren. Die Cappuccinosahne über die gehackte Schokolade gießen und sofort rühren, bis sich die Schokolade aufgelöst hat. Diese Ganache ca. 20 Min. auskühlen lassen.

2 Die Ganache in einen Spritzbeutel füllen und mithilfe des Spritzbeutels in die Hohlkugeln füllen, dabei einen 2 mm hohen Rand frei lassen. Ganache kurz anziehen lassen.

3 Die temperierte Schokolade bereitstellen. Etwas davon in den Spritzbeutel aus Butterbrotpapier geben und die Hohlkugeln mit je 1 Tupfer verschließen, dann mit der Pralinengabel in die Schokolade tauchen. Pralinen auf Butterbrotpapier ablegen und sofort mit Cappuccinopulver bestreuen.

Kaffee mit Aha-Effekt

Kaffeemarzipan

Für die Füllung
20 ml Kaffeelikör
3 TL Instantkaffeepulver (oder Espresso)
250 g Marzipanrohmasse
50 g getrocknete Cranberrys
Für die Hülle
15 getrocknete Cranberrys für die Deko
200 g temperierte Vollmilchkuvertüre (s. S. 6)
Und
Pralinengabel
Butterbrotpapier

Für ca. 30 Stücke
◷ 50 Min. Zubereitung | 1 Std. Ruhen

1 Den Kaffeelikör in ein Glas geben und in der Mikrowelle erhitzen. Den Instantkaffee dazugeben und im Likör auflösen. Diese Mischung unter die Marzipanrohmasse kneten. Die Cranberrys grob zerkleinern und unter das Kaffeemarzipan kneten. Die Masse zu einer Kugel formen, luftdicht in Klarsichtfolie einwickeln und 1 Std. bei Zimmertemperatur ruhen lassen.

2 Das Marzipan in ca. 30 gleich große Stücke teilen und diese mit den Händen zu Ovalen formen. Cranberrys halbieren. Die temperierte Kuvertüre bereitstellen. Die Marzipanstücke nacheinander in die temperierte Kuvertüre tauchen und mit der Pralinengabel darin wälzen, bis sie damit überzogen sind. Auf Butterbrotpapier ablegen und sofort mit je 1 Cranberryhälfte dekorieren.

oben: Cappuccino-Pralinen | unten: Kaffeemarzipan

Nussig und knusprig

Das lieben alle: Nüsse, Marzipan und Nugat sind immer für eine Überraschung gut und auch für Anfänger prima geeignet zum Experimentieren. Dieses wunderbare Aprikosenmarzipan gelingt wirklich ganz leicht und schmeckt herrlich fein.

Aprikosenmarzipan

Für die Füllung
100 g getrocknete Aprikosen
200 g Marzipanrohmasse
Für die Hülle
200 g temperierte Vollmilchkuvertüre (s. S. 6)
3 getrocknete Aprikosen für die Deko
Und
Pralinengabel | Butterbrotpapier

Für ca. 30 Stück
45 Min. Zubereitung | 1 Std. Ruhen

1 Die getrockneten Aprikosen für die Füllung in ca. 5 mm kleine Würfel schneiden und in die Marzipanrohmasse einkneten. Die Masse zu einer Kugel formen und 1 Std. in Klarsichtfolie gewickelt ruhen lassen.

2 Den Aprikosenmarzipan mit dem Nudelholz zu einem ca. 1,5 cm hohen Rechteck ausrollen. Dieses Rechteck in ca. 30 gleich große Stücke schneiden. Die getrockneten Aprikosen für die Deko in sehr feine Streifen schneiden.

3 Die temperierte Kuvertüre bereitstellen. Die Marzipanstücke nacheinander mit der Pralinengabel in die Kuvertüre tauchen und darin wälzen, bis sie komplett überzogen sind. Die Pralinen auf Butterbrotpapier ablegen und sofort mit den Aprikosenstreifen dekorieren.

TIPP
Wer möchte, weicht die Aprikosen ein paar Stunden in Likör oder Apfelsaft ein, das macht sie weicher.

Klassiker | anspruchsvoll

Blätterkrokant

Knusprig im Biss und leicht malzig im Geschmack – eine Symbiose aus Karamell und Nugat, umhüllt von feinster Vollmilchkuvertüre.

Für die Füllung
200 g Nugat
250 g Einmachraffinade (s. Tipp)
70 g Glukosesirup (Spezialversand)
1 EL Butter
Für die Hülle
200 g temperierte Vollmilchkuvertüre (s. S. 6)
Und
2 EL Öl | 1 Spachtel | Pralinengabel
30 Trinkhalme mit Flexiteil für die Deko

Für ca. 30 Stück
1 Std. Zubereitung | 30 Min. Auskühlen

1 Die hitzebeständige Arbeitsfläche (Backblech, Granit/Marmor, Edelstahl) und den Spachtel mit dem Öl einpinseln oder einreiben.

2 Den Nugat für die Füllung in dünne Scheiben schneiden. Die Scheiben dicht nebeneinander ohne Lücken auf die geölte Arbeitsfläche legen, sodass ein »Nugat-Teppich« entsteht (Bild 1).

3 Die Raffinade mit 80 ml Wasser und dem Glukosesirup in einen Topf geben und ohne Rühren in ca. 5 Min. bei starker Hitze hell karamellisieren lassen. Die Butter zugeben und sofort unterrühren.

4 Die kochende Zuckermasse vorsichtig auf den Nugat schütten (Bild 2) und die heiße Masse sofort mit dem Spachtel falten und einschlagen. Diesen Vorgang so oft und so schnell wie möglich wiederholen (Bild 3). Je öfter die Masse touriert wird – so heißt das Falten in der Fachsprache –, desto feinblättriger wird der Krokant. Fortfahren, bis die Masse abgekühlt ist und sich nicht mehr tourieren lässt. Masse in ca. 30 Stücke schneiden und in ca. 30 Min. vollkommen auskühlen lassen.

5 Für die Deko von 30 Trinkhalmen die flexiblen Teile abschneiden, auseinander ziehen und bereitlegen. Die temperierte Kuvertüre bereitstellen. Etwas Kuvertüre in beide Handflächen geben und ein Blätterkrokantstück zwischen den Händen rollen, bis es mit Kuvertüre bedeckt ist. Wieder Kuvertüre in die Handflächen geben und das nächste Stück genauso damit bedecken.

6 Krokantstücke nacheinander mit der Pralinengabel in die temperierte Kuvertüre tauchen, bis sie komplett damit überzogen sind. Stücke auf Butterbrotpapier ablegen und sofort auf jedes Stück ein Stück Trinkhalm drücken (Bild 4). Wenn die Kuvertüre völlig ausgehärtet ist, die Trinkhalme abziehen.

EINKAUFS-TIPP

Verwenden Sie zum Karamellisieren am besten Einmachraffinade. Sie ist doppelt raffiniert, also sauberer und schäumt nicht so.

2

1

3

4

kinderleicht

Pistaziennugat

Für die Füllung
100 g ungesalzene Pistazienkerne
400 g Nugat
Für die Hülle
200 g temperierte Zartbitterkuvertüre (s. S. 6)
30 ungesalzene Pistazienkerne
Und
Backrahmen (20 x 20 cm) | Butterbrotpapier
Pralinengabel

Für ca. 30 Stücke
50 Min. Zubereitung | 12 Std. Aushärten

1 Die Pistazien für die Füllung mit einem Wiegemesser oder in der Küchenmaschine grob hacken. Den Nugat in kleine Würfel schneiden. Zwei Drittel der Nugatwürfel in eine Schüssel geben und unter Beobachtung über dem Wasserbad bei schwacher Hitze schmelzen. Die übrigen Nugatwürfel dazugeben und rühren, bis eine glatte Masse entstanden ist.

2 Die Pistazienstücke unterheben. Den Backrahmen mit Butterbrotpapier auslegen. Die Masse hineinschütten und glatt streichen. Mit Klarsichtfolie luftdicht verschließen und über Nacht bei Zimmertemperatur aushärten lassen.

3 Folie abziehen. Den Nugat mit einem scharfen Messer vom Rand des Backrahmens lösen. Den Backrahmen abheben. Den Nugat in ca. 30 Stücke schneiden. Die temperierte Zartbitterkuvertüre bereitstellen. Die Nugatwürfel mit der Pralinengabel in die Kuvertüre tauchen, auf Butterbrotpapier ablegen und sofort mit je 1 Pistazie verzieren.

einfach zauberhaft

Knuspernugat

Für die Füllung
3 EL Puderzucker
30 g Kakaobohnensplitter (Spezialversand)
400 g dunkler Nugat
Für die Hülle
200 g temperierte Vollmilchkuvertüre (s. S. 6)
2 EL Kakaobohnensplitter für die Deko
Und
1 TL Öl | 1 Backrahmen (20 x 20 cm)
Butterbrotpapier | Pralinengabel

Für ca. 30 Stück
50 Min. Zubereitung | 12 Std. Aushärten

1 Puderzucker in einer Pfanne bei mittlerer Hitze hellbraun karamellisieren. Die Kakaobohnensplitter dazugeben und rühren, bis sie mit Zucker überzogen sind. Diesen Krokant sofort auf einen eingeölten Teller schütten und ca. 15 Min. auskühlen lassen.

2 Inzwischen den Nugat in ca. 1 cm große Würfel schneiden. 2/3 in eine Schüssel geben und über dem Wasserbad bei schwacher Hitze schmelzen. Die übrigen Nugatwürfel dazugeben und rühren, bis eine glatte Masse entstanden ist. Kakaokrokant unterheben. Den Backrahmen mit Butterbrotpapier auslegen, die Masse hineingeben und glatt streichen. Alles luftdicht mit Klarsichtfolie verschließen und den Nugat ca. 12 Stunden aushärten lassen.

3 Folie abziehen, Backrahmen abheben und Nugat in ca. 30 Stücke schneiden. Temperierte Kuvertüre bereitstellen. Nugatstücke mit der Pralinengabel in die temperierte Kuvertüre tauchen, ablegen und sofort mit Kakaobohnensplittern verzieren.

oben: Pistaziennugat | unten: Knuspernugat

1

2

knusprig nussig

Nuss-Krokant-Marzipan

Der Marzipan kommt in dieser Kombination auch mal bissig daher – nämlich aufgepeppt mit knusprigem Krokant.

Für die Füllung
50 g Einmachzucker
100 g ganze Haselnusskerne ohne Haut
300 g Marzipanrohmasse
½ TL Zimtpulver
Für die Hülle
200 g temperierte Zartbitterkuvertüre (s. S. 6)
Und
1 TL Öl | Pralinengabel |Butterbrotpapier

Für 30–40 Stück
1 Std. Zubereitung | 1 Std. Ruhen

1 Den Zucker in einer mittelgroßen Pfanne ohne Rühren hellbraun karamellisieren. Die Nüsse zugeben und so lange rühren, bis die Nüsse vom Karamell umhüllt sind (Bild 1). Diese Masse auf einen mit Öl bestrichenen Teller schütten, flach ausstreichen und ca. 20 Min. auskühlen lassen.

2 Den ausgekühlten Krokant in einen Gefrierbeutel geben und mit dem Nudelholz so lange darüber rollen, bis er zu ganz kleinen Stückchen zerbrochen ist (oder den Krokant im Blitzhacker zerkleinern).

3 Die Marzipanrohmasse in einer Schüssel mit dem Zimt verkneten. Auf die Arbeitsfläche legen und etwa drei Viertel der Krokantstückchen dazugeben und gut unterkneten (Bild 2). Diese Masse luftdicht in Klarsichtfolie hüllen und mindestens 1 Std. bei Zimmertemperatur ruhen lassen.

4 Den Marzipan in 30–40 gleich große Stücke teilen und diese mit den Händen zu Kugeln formen. Kugeln ablegen und mit dem Handballen etwas flach drücken. Die temperierte Kuvertüre bereitstellen.

5 Die Marzipankugeln nacheinander in die temperierte Kuvertüre tauchen und mit der Pralinengabel darin wälzen, bis sie rundherum mit Kuvertüre überzogen sind. Auf Butterbrotpapier ablegen. Sofort auf jede Praline ein paar Krümel vom übrigen Haselnusskrokant als Deko aufstreuen.

TIPP – NÜSSE UND MANDELN HÄUTEN

Sie können Nüsse und Mandeln auch mit Haut kaufen und diese selbst entfernen: Nüsse im Backofen bei 100° ca. 5 Min. anrösten, auf ein Küchentuch aus Baumwolle geben und ein zweites Tuch darüberlegen. Mit den Händen die Haut von den Nüssen reiben. Wenn nötig, das Ganze wiederholen.
Mandeln in einen Topf geben, mit kochendem Wasser übergießen und etwas darin ziehen lassen. Danach lässt sich die Haut entfernen, indem man die Spitze der Mandel einschneidet und die Haut einfach von der anderen Seite wegdrückt. Die Mandel springt sozusagen aus der Haut.

cremiger geht's nicht!

Marzipancreme-Pralinen

Auf diesen Seiten habe ich drei unterschiedliche Marzipanvariationen für Sie zusammengestellt. Ein tolles Geschenk für einen echten Marzipanfan.

Für die Füllung 150 g Marzipanrohmasse
50 g weiße Schokolade | 100 g Sahne
50 ml Amaretto
Für die Hülle 30 Zartbitterhohlkugeln
150 g temperierte Zartbitterkuvertüre (s. S. 6)
Und Spritzbeutel | Spritzbeutel aus Butterbrotpapier | Pralinengabel | Butterbrotpapier

Für ca. 30 Stück | Zubereitung 55 Min.

1 Die Marzipanrohmasse klein würfeln. Die weiße Schokolade fein hacken. Die Sahne in einem kleinen Topf 1 Min. aufkochen, den Topf zur Seite ziehen und den Amaretto zur Sahne geben. Die Marzipanwürfel dazugeben und so lange rühren, bis sie sich aufgelöst haben.

2 Die gehackte Schokolade dazugeben und rühren, bis sie sich aufgelöst hat. Die Mischung in einen Spritzbeutel geben und in die Hohlkugeln füllen, dabei einen 2 mm hohen Rand lassen. Temperierte Kuvertüre bereitstellen. Sobald die Füllung fest ist, etwas Kuvertüre in einen Spritzbeutel aus Butterbrotpapier geben und die Kugeln mit je 1 Tupfer verschließen. Kugeln in die Kuvertüre tauchen und mit der Pralinengabel auf Butterbrotpapier ablegen.

DEKO-TIPP

Gehackte Mandeln in einer Pfanne bei mittlerer Hitze ca. 3 Minuten unter Rühren goldbraun rösten, auf einen Teller geben, 15 Min. abkühlen lassen. Auf die noch feuchte Kuvertüre streuen.

für Süßschnäbel

Honigmarzipan-Pralinen

Für die Füllung 200 g Marzipanrohmasse | 160 g dunkler, würziger Honig
Für die Hülle 30 Vollmilchhohlkugeln | 150 g temperierte Vollmilchkuvertüre (s. S. 6)
Und Spritzbeutel | Spritzbeutel aus Butterbrotpapier | Pralinengabel | Butterbrotpapier

Für 30 Stück | 1 Std. Zubereitung

1 Die Marzipanrohmasse klein würfeln und in eine Schüssel geben. Den Honig in eine Tasse geben und in der Mikrowelle kurz erhitzen. Honig über den Marzipan gießen und rühren, bis der Honig so weit abgekühlt ist, dass man mit den Händen arbeiten kann. Honig mit den Händen unterkneten.

2 Diese Masse mit dem Spritzbeutel in die Hohlkugeln füllen (s. S. 54). Temperierte Kuvertüre bereitstellen. Sobald der Marzipan fest geworden ist, die Kugeln mit der temperierten Kuvertüre verschließen und überziehen (s. S. 54).

fruchtiger Sommergenuss

Himbeermarzipan-Pralinen

Für die Füllung 250 g Marzipanrohmasse | 50 g heller Honig | 20 g Himbeerpulver (Spezialversand)
Für die Hülle 200 g temperierte weiße Schokolade (s. S. 6) | Himbeerpulver für die Deko
Und Pralinengabel | Butterbrotpapier

Für ca. 30 Stück | 50 Min. Zubereitung

1 Marzipanrohmasse würfeln und in eine Schüssel geben. Honig in eine Tasse geben und in der Mikrowelle erhitzen. Honig über den Marzipan gießen und rühren, bis der Honig so weit abgekühlt ist, dass man mit den Händen arbeiten kann. Honig mit den Händen unterkneten. Himbeerpulver unterkneten.

2 Die Masse in 30 Stücke teilen und diese zu Kugeln formen. Kugeln mit einem glatten Gegenstand etwas flach drücken. Temperierte Schokolade bereitstellen. Kugeln in Schokolade tauchen und ablegen (s. S. 54). Sofort mit Himbeerpulver bestreuen.

fruchtiger Ganzjahresliebling

Haselnüsse auf Orangenmarzipan

Das genieße ich das ganze Jahr lang – die Zutaten sind immer zu bekommen, und es ist leicht gemacht. Ein guter Einstieg für Pralinen-Neulinge.

Für die Füllung
300 g Marzipanrohmasse
1 Bio-Orange
50 ml Cointreau (Orangenlikör)
100 g Zucker
100 g ganze Haselnusskerne ohne Haut
1 TL Öl
Für die Hülle
200 g temperierte weiße Schokolade (s. S. 6)
30 g temperierte Vollmilchkuvertüre (s. S. 6)
Und
Öl | Butterbrotpapier | Pralinengabel
Spritzbeutel aus Butterbrotpapier

Für 30–40 Stück | 1 Std. Zubereitung
1 Std. Ruhen | 20 Min. Auskühlen

1 Die Marzipanrohmasse für die Füllung in eine Schüssel geben. Orange heiß abwaschen und abtrocknen. Schale ganz fein reiben und zum Marzipan geben. Den Saft auspressen und auch zum Marzipan geben. Den Cointreau hinzufügen und alle Zutaten gleichmäßig verkneten. Den Orangenmarzipan zu einer Kugel formen, in Klarsichtfolie wickeln und mindestens 1 Std. bei Zimmertemperatur ruhen lassen.

2 Den Marzipan in 30–40 Stücke teilen und jedes Stück mit der Hand zu einer Wurst formen. Die Marzipanwürste beiseite stellen.

3 Den Zucker in einer kleinen Pfanne bei mittlerer Hitze ohne Rühren hell karamellisieren. Die Nüsse einrühren, bis alle mit einer Zuckerschicht bedeckt sind. Die Karamellnüsse auf einen mit Öl bestrichenen Teller schütten. Immer je drei Nüsse abnehmen und diese nebeneinander mit Gabeln so zusammenrollen, dass eine kleine »Nussraupe« entsteht (Bild 1). Die Nussraupen wieder auf den mit Öl bestrichenen Teller legen und 20 Min. auskühlen lassen.

4 Die temperierte Schokolade bzw. Kuvertüre bereitstellen. Für die Hülle beide Handflächen mit weißer Schokolade bedecken, die Marzipanstücke zwischen den Handflächen rollen, bis sie mit etwas Schokolade umhüllt sind. Für jedes Stück die Hände erneut mit Schokolade bedecken. Umhüllte Marzipanstücke auf Butterbrotpapier ablegen. Sofort nach dem Ablegen je eine Nussraupe auf jedes Marzipanstück auflegen und leicht andrücken (Bild 2). 10 Min. trocknen lassen.

5 Die Pralinen mithilfe einer Pralinengabel in die temperierte weiße Schokolade tauchen und damit umhüllen. Pralinen auf einem mit Butterbrotpapier belegten Blech absetzen.

6 Die temperierte Vollmilchkuvertüre in den Spritzbeutel aus Butterbrotpapier füllen und die Pralinen damit verzieren.

1

2

Klassiker

Mandel-Weichkrokant

Dieser Genuss hält lange im Mund an, der weiche Mandel-Krokant gilt als der »Kaugummi« unter den Pralinen.

Für die Füllung
200 g ganze Mandelkerne ohne Haut
200 g Puderzucker
120 g Sahne
3 EL weiche Butter
Für die Hülle
200 g temperierte Vollmilchkuvertüre (s. S. 6)
Und
Backrahmen (20 x 20 cm) | Butterbrotpapier
Pralinengabel | 30–40 Stücke Strukturfolie (Spezialversand)

Für 30–40 Stücke
1 Std. Zubereitung | 30 Min. Auskühlen

1 Den Backrahmen mit Butterbrotpapier auslegen und auf eine hitzebeständige Fläche stellen. Für die Füllung die Mandeln mit einem scharfen Messer fein hacken. Den Puderzucker in einem kleinen Topf bei mittlerer Hitze hell karamellisieren. Die gehackten Mandeln dazugeben und rühren, bis der Karamell dunkler wird.

2 Sahne und Butter dazugeben und die Mischung auf ca. 118° erhitzen. Mit dem Thermometer prüfen. Sobald die Masse diese Temperatur erreicht hat, vorsichtig in den Backrahmen schütten und glatt streichen. Den Krokant 30 Min. auskühlen lassen. Den Backrahmen nach oben abziehen und den Krokant in 30–40 Stücke schneiden.

3 Die temperierte Kuvertüre bereitstellen. Krokantstücke mit der Pralinengabel in die Kuvertüre tauchen und vollständig mit Kuvertüre überziehen. Auf Butterbrotpapier ablegen und auf jedes Krokantstück sofort 1 Stück Strukturfolie drücken. Kuvertüre fest werden lassen und Folie vorsichtig abziehen.

VARIANTE – WEICHKROKANT MIT MARZIPAN

Sie können den Weichkrokant auch als Basis für eine Schichtpraline nehmen. Die perfekte Ergänzung ist eine Schicht aus Marzipan. Für den Marzipan 100 g Nugat und 100 g Marzipanrohmasse klein schneiden und in eine Schüssel geben. Je nach Vorliebe sehr grob oder ganz fein miteinander verkneten. Diese Masse mit den Händen gleichmäßig auf das ausgekühlte Weichkrokant im Backrahmen drücken und 1 Std. aushärten lassen. Die Masse in 30–40 Würfel schneiden und mit 200 g temperierter Vollmilchkuvertüre überziehen.

GUT ZU WISSEN

Rühren Sie den Karamell nicht, solange nur der Zucker im Topf ist, sonst verklumpt die Zuckermasse und löst sich nicht wieder auf. Wenn der Zucker ungleichmäßig schmilzt, können Sie korrigieren, indem Sie den Topf hin und her bewegen oder den noch nicht geschmolzenen Zucker mit einem Löffel in den geschmolzenen Zucker »schieben«.

Zum Gebrauch
Damit Sie Rezepte mit bestimmten Zutaten noch schneller finden können, stehen in diesem Register zusätzlich auch beliebte Zutaten wie **Nugat** und **Vollmilchschokolade** – ebenfalls alphabetisch geordnet und **hervorgehoben** – über den entsprechenden Rezepten.

A

Amarenakirsch-Pralinen 21
Amaretto: Marzipancreme-Pralinen 54
Ananas-Kokos-Traum 22
Ananas: Piña-Colada-Trüffel 42
Aprikosenkaramell 14
Aprikosenmarzipan 47

B

Backrahmen (Küchenhelfer) 8
Baileys-Trüffel 38
Basilikumpralinen 30
Blätterkrokant 48
Blaubeerpüree: Fruchttrüffel 11

C

Cappuccino-Pralinen 44
Champagnertrüffel (Variante) 36
Chilischoten
Amarenakirsch-Pralinen 21
Feigen-Chili-Pralinen 28
Cointreau-Trüffel 39
Cointreau: Haselnüsse auf Orangenmarzipan 56
Cranberrys: Kaffeemarzipan 44

D/E

Dosierflasche (Küchenhelfer) 8
Eierlikörtrüffel 42
Erdbeer-Balsamico-Pralinen 16
Erdbeergelee-Würfel 12
Erdbeer-Joghurt-Kugeln 18
Erdbeerpüree
Erdbeer-Balsamico-Pralinen 16
Erdbeergelee-Würfel 12
Erdbeerwürfel mit Champagner-Ganache (Variante) 12

F

Feigen-Chili-Pralinen 28
Fruchtpüree (Warenkunde) 5
Fruchtpüree selbst machen (Tipp) 16
Fruchttrüffel 11

G

Gefüllte Pralinen (Pralinenwissen) 4
Gelee
Erdbeergelee-Würfel 12
Portweingelee 40
Getrocknete Aprikosen
Aprikosenkaramell 14
Aprikosenmarzipan 47
Getrocknete Erdbeeren
Erdbeer-Balsamico-Pralinen 16
Erdbeer-Joghurt-Kugeln 18
Getrocknete Feigen: Feigen-Chili-Pralinen 28

H

Handgeformte Pralinen (Pralinenwissen) 4
Haselnüsse auf Orangenmarzipan 56
Haselnüsse: Nuss-Krokant-Marzipan 53
Himbeermarzipan-Pralinen 55
Himbeerpralinen 14
Hohlkugeln (Pralinenwissen) 4
Honig: Himbeer-Marzipan-Pralinen 55
Honigmarzipan-Pralinen 55

J/K

Joghurt: Mango-Lassi-Pralinen 18
Kaffeemarzipan 44
Kaffeepulver: Baileys-Trüffel 38
Kakaobohnensplitter: Knuspernugat 50
Karamell: Aprikosenkaramell 14
Knuspernugat 50
Kokosmilch: Piña-Colada-Trüffel 42
Kokosraspeln: Ananas-Kokos-Traum 22
Kräuterlikör-Trüffel 32
Krokant
Blätterkrokant 48
Mandel-Weichkrokant 58
Nuss-Krokant-Marzipan 53
Walnuss-Rosmarin-Krokant 25
Kurkuma: Mango-Lassi-Pralinen 18
Kuvertüre (Warenkunde) 5
Kuvertüre temperieren (Grundrezept) 6

L/M

Limoncello-Trüffel 36
Mandel-Weichkrokant 58
Mandel-Weichkrokant mit Marzipan (Variante) 58
Mango-Lassi-Pralinen 18
Marzipancreme-Pralinen 54
Marzipanrohmasse (Warenkunde) 5

Marzipanrohmasse
- Aprikosenmarzipan 47
- Haselnüsse auf Orangenmarzipan 56
- Himbeermarzipan-Pralinen 55
- Honigmarzipan-Pralinen 55
- Kaffeemarzipan 44
- Mandel-Weichkrokant mit Marzipan (Variante) 58
- Nuss-Krokant-Marzipan 53

Minzpralinen 32

N

Nugat (Warenkunde) 5

Nugat
- Blätterkrokant 48
- Knuspernugat 50
- Mandel-Weichkrokant mit Marzipan (Variante) 58
- Pistaziennugat 50

Nuss-Krokant-Marzipan 53

O

Orange
- Cointreau-Trüffel 39
- Haselnüsse auf Orangenmarzipan 56

P

Piña-Colada-Trüffel 42
Pistaziennugat 50
Portweingelee 40
Portweingelee mit Zimt-Ganache (Variante) 40
Pralinenformen (Küchenhelfer) 8
Pralinenformen (Pralinenwissen) 4
Pralinengabel (Küchenhelfer) 8
Pralinengitter (Küchenhelfer) 8

Puderzucker
- Fruchttrüffel 11
- Mandel-Weichkrokant 58

R

Rosmarin: Walnuss-Rosmarin-Krokant 25
Rum: Piña-Colada-Trüffel 42
Rumtrüffel 39

S

Safranpralinen 30
Schichtpralinen (Pralinenwissen) 4
Schnittpralinen (Pralinenwissen) 4
Schwarzer Tee: Teepralinen 35
Spachtel (Küchenhelfer) 8
Spezialthermometer (Küchenhelfer) 8
Spritzbeutel (Küchenhelfer) 8

T

Teepralinen 35
Tonkapralinen (Variante) 28

V

Vanilleschote: Safranpralinen 30

Vollmilchschokolade
- Amarenakirsch-Pralinen 21
- Baileys-Trüffel 38
- Cappuccino-Pralinen 44
- Erdbeer-Balsamico-Pralinen 16
- Feigen-Chili-Pralinen 28
- Kräuterlikör-Trüffel 32
- Minzpralinen 32
- Teepralinen 35
- Zimttrüffel 26

W

Walnuss-Rosmarin-Krokant 25
Wasserbad-Set (Küchenhelfer) 8
Weichkrokant mit Marzipan (Variante) 58

Weiße Schokolade
- Ananas-Kokos-Traum 22
- Baileys-Trüffel 38
- Basilikumpralinen 30
- Cappuccino-Pralinen 44
- Champagnertrüffel (Variante) 36
- Cointreau-Trüffel 39
- Eierlikörtrüffel 42
- Erdbeer-Joghurt-Kugeln 18
- Fruchttrüffel 11
- Himbeerpralinen 14
- Kräuterlikör-Trüffel 32
- Limoncello-Trüffel 36
- Mango-Lassi-Pralinen 18
- Marzipancreme-Pralinen 54
- Piña-Colada-Trüffel 42
- Safranpralinen 30

Z

Zartbitterschokolade
- Amarenakirsch-Pralinen 21
- Feigen-Chili-Pralinen 28
- Minzpralinen 32
- Rumtrüffel 39
- Teepralinen 35

Zimt: Nuss-Krokant-Marzipan 53
Zimttrüffel 26

Zitronensaft
- Limoncello-Trüffel 36
- Portweingelee 40

Unsere Garantie

Alle Informationen in diesem Ratgeber sind sorgfältig und gewissenhaft geprüft. Sollte dennoch einmal ein Fehler enthalten sein, schicken Sie uns das Buch mit dem entsprechenden Hinweis an unseren Leserservice zurück. Wir tauschen Ihnen den GU-Ratgeber gegen einen anderen zum gleichen oder ähnlichen Thema um.

Liebe Leserin und lieber Leser,

wir freuen uns, dass Sie sich für ein GU-Buch entschieden haben. Mit Ihrem Kauf setzen Sie auf die Qualität, Kompetenz und Aktualität unserer Ratgeber. Dafür sagen wir Danke! Wir wollen als führender Ratgeberverlag noch besser werden. Daher ist uns Ihre Meinung wichtig. Bitte senden Sie uns Ihre Anregungen, Ihre Kritik oder Ihr Lob zu unseren Büchern. Haben Sie Fragen oder benötigen Sie weiteren Rat zum Thema? Wir freuen uns auf Ihre Nachricht!

Wir sind für Sie da!
Montag–Donnerstag: 8.00–18.00 Uhr;
Freitag: 8.00–16.00 Uhr
Tel.: 0180-5 00 50 54*
Fax: 0180-5 01 20 54*
*(0,14 €/Min. aus dem dt. Festnetz/ Mobilfunkpreise können abweichen.)
E-Mail:
leserservice@graefe-und-unzer.de

P.S.: Wollen Sie noch mehr Aktuelles von GU wissen, dann abonnieren Sie doch unseren kostenlosen GU-Online-Newsletter und/oder unsere kostenlosen Kundenmagazine.

GRÄFE UND UNZER VERLAG
Leserservice
Postfach 86 03 13
81630 München

Programmleitung: Doris Birk
Leitende Redakteurin:
Birgit Rademacker
Redaktion und Lektorat:
Katharina Lisson
Layout, Typografie und Umschlaggestaltung: independent Medien-Design, München
Satz: Liebl Satz+Grafik, Emmering
Herstellung: Petra Roth
Reproduktion: Wahl Media GmbH
Druck: Firmengruppe APPL, aprinta druck, Wemding
Bindung: Firmengruppe APPL, sellier druck, Freising

ISBN 978-3-8338-0998-9

3. Auflage 2009

GRÄFE UND UNZER

Ein Unternehmen der
GANSKE VERLAGSGRUPPE

Die Autorin

Karin Ebelsberger kreiert Pralinen mit viel Leidenschaft und Fantasie. Zunächst Autodidaktin, hat sie ihre Fachkenntnisse durch zahlreiche Kurse bei Schokoladenkünstlern vertieft. Weitere Infos unter www.pralinka.de

Ein großes Dankeschön geht an Ulrike Bleicher, die mit ihrem fundierten Fachwissen und viel sprachlichem Geschick einen wertvollen Beitrag zum Feinschliff dieses Buches geleistet hat.

Der Fotograf

Jörn Rynio zählt zu seinen Auftraggebern internationale Zeitschriften, namhafte Buchverlage und Werbeagenturen. Mit einer großen Portion Kreativität und appetitanregendem Styling setzt der Hamburger Fotograf Food-Spezialitäten aus aller Welt stimmungsvoll in Szene. Tatkräftig unterstützt wird er dabei von seinen Stylisten Hermann Rottmann (Food) und Michaela Suchy (Requisite).

Titelbildrezepte

Oben links im Schälchen: Zimttrüffel (S. 26); davor von links nach rechts: Marzipancreme-Pralinen – mit Pistaziendeko (S. 54); Baileys-Trüffel (S. 38); Piña-Colada-Trüffel – mit Zartbitterkuvertüre (S. 43) und Ananas-Kokos-Traum – aus der Pralinenform (S. 23).

Reste de luxe

Beim Pralinenmachen bleibt oft etwas übrig, meistens Kuvertüre. Hier ein paar pfiffige Ideen für die Resteverwertung.

Nugat- oder Marzipanreste Geben Sie getrockneten Früchten, zum Beispiel Aprikosen, eine feine Haube aus Nugat oder Marzipan. Aprikosen auf die Arbeitsfläche legen, Nugat in einen Spritzbeutel geben und aufspritzen. Wenn Sie temperierte Kuvertüre übrig haben, können Sie die Nugat-Aprikosen damit verzieren: Lassen Sie die Kuvertüre von einem Löffel auf die Nugat-Aprikosen tropfen oder fließen.

Ganache übrig Sie schmeckt super als Basis für eine heiße Schokolade: Rühren Sie anstelle von Kakaopulver einfach die Ganache in die heiße Milch, fertig ist ein ganz neues Getränk! Sie können übrige Ganache auch als Füllung für einen Kuchen verwenden oder ein Dessert daraus zaubern – mit frischen Früchten oder Fruchtpüree zum Beispiel.

Kuvertüre übrig 1 Ein kleiner Lutscher aus Kuvertüre – der macht große Freude! Platzieren Sie Tupfer temperierter Kuvertüre mit einem Löffel auf ein mit Butterbrotpapier belegtes Blech. Legen Sie in jeden Tupfer einen Stiel aus Papier (den bekommen Sie z. B. bei www.pralinenwerkzeug.de oder www.chocolateworld.be). Die Schokolutscher können Sie nach Herzenslust dekorieren, solange die Kuvertüre noch nicht ausgehärtet ist.